Heinz-Lothar Barth

Solidarität und Subsidiarität

Zwei Grundprinzipien der katholischen Gesellschaftslehre

EDITIONES SCHOLASTICAE

Heinz-Lothar Barth

Solidarität und Subsidiarität

Zwei Grundprinzipien der katholischen Gesellschaftslehre

EDITIONES SCHOLASTICAE

Bibliographic information published by Deutsche Nationalbibliothek
The Deutsche Nationalbibliothek lists this publication in the Deutsche Nationalbibliographie; detailed bibliographic data is available in the Internet at http://dnb.ddb.de

53819 Neunkirchen-Seelscheid
www.editiones-scholasticae.de

ISBN 978-3-86838-292-1

2024

Printed on acid-free paper

Printed in Germany

Gewidmet H. H. Pater Dr. iur. Michael Weigl.

In seiner Bonner Zeit hat er als geistlicher Betreuer
der von meiner Frau und mir geleiteten Studentengruppe
St. Thomas von Aquin mein Interesse an der katholischen Soziallehre
geweckt.

Inhalt

Solidarität und Subsidiarität

Zwei Grundprinzipien der christlichen Soziallehre und ihre Mißachtung in der heutigen Politik

Zitate zum Nachdenken

Saepe me [Cato Censorius spricht] querentem… audistis diversis … duobus vitiis, avaritia et luxuria, civitatem laborare, quae pestes omnia magna imperia everterunt. – Oft … habt ihr mich klagen gehört, … daß der Staat von zwei verschiedenen Lastern, der Habgier und der Verschwendungssucht, geplagt wird, zwei Seuchen, welche alle großen Reiche zugrunde gerichtet haben. (*Livius, Ab urbe condita 34,4,1 f.*)

Omnino, qui rei publicae praefuturi sunt, duo Platonis praecepta teneant: unum, ut utilitatem civium sic tueantur, ut, quaecumque agunt, ad eam referant obliti commodorum suorum, alterum, ut totum corpus rei publicae curent, ne, dum partem aliquam tuentur, reliquas deserant. – Überhaupt mögen die künftigen Regierenden eines Staates zwei Lehren Platons einhalten: einmal den Bürgernutzen so im Auge zu haben, daß sie in all ihrem Handeln (allein) auf ihn abstellen, ohne an den eigenen Vorteil zu denken; zweitens für das Staatsganze Sorge zu tragen, damit sie nicht, während sie irgendeinem Teil ihr Augenmerk zuwenden, die übrigen Teile vernachlässigen. (*Cicero, De officiis 1, 85*)[1]

Praecipita Domine, divide linguas eorum: quoniam vidi iniquitatem, et contradictionem in civitate. Die ac nocte circumdabit eam super muros eius iniquitas: et labor in medio eius, et iniustitia. Et non defecit de plateis eius usura et dolus (Ps. 54/55, 10-12 VULG) – Stürze sie, Herr ! Mach ihre Zungen uneins; denn ich sehe Bosheit und Hader in der Stadt. Tag und Nacht umkreist Bosheit sie über ihren Mauern, und in ihrer Mitte herrschen Drangsal und Unrecht. Und von ihren Plätzen weichen nicht Wucher und Betrug.

He thinks too much: such men are dangerous. (Cäsar über Cassius in: Shakespeare, Julius Caesar Akt I Szene II Z. 204)

[1] Die beiden lateinischen Zitate sind (mit einer kleinen Veränderung nach dem Urtext) nebst deutscher Übersetzung entnommen dem Bändchen „Sapientia Romanorum – Weisheiten aus dem alten Rom“ (Lateinisch-deutsch. Ausgewählt, übersetzt und herausgegeben von Fritz Fajen, Reclam, Stuttgart 2008, 44 f.).

Vorwort

„Wer vom Sozialstaat redet, darf von Gott nicht schweigen“, so äußerte sich jüngst der nordrhein-westfälische Ministerpräsident Jürgen Rüttgers anläßlich der Präsentation des neuen Buches von Josef Kardinal Cordes, das den aussagekräftigen Titel trägt „Helfer fallen nicht vom Himmel. Caritas und Spiritualität“ und soeben beim Herder-Verlag erschienen ist.[2] Wir erleben seit einiger Zeit eine in der Bundesrepublik Deutschland beispiellose gesellschaftliche Krise: Eine Affäre moralisch unzulässiger oder sogar widerrechtlicher Bereicherung bei Vertretern des Kapitals jagt die andere.[3] Soziale Errungenschaften werden abgebaut. Der Mittelstand vermag sich immer schwerer zu halten, immer mehr Menschen verarmen, vor allem kinderreiche Familien. Die Arbeitslosigkeit ist mittlerweile seit vielen Jahren hoch und wird höchstens durch Billigjobs oder zeitlich begrenzte Stellen temporär gesenkt.[4] Dabei machen auf der anderen Seite viele global

---

[2] Zitat nach: Die Tagespost vom 29. Mai 2008, S. 7

[3] Daß wir mit einer solchen Feststellung nicht alle Industriellen als verantwortungslose Menschen oder gar als Gauner disqualifizieren möchten, versteht sich eigentlich von selbst. Da der katholische Sozialethiker Wolfgang Ockenfels O. P. neulich aber noch einmal nicht ganz ohne Grund vor einer pauschalen Verdächtigung jenes ganzen Berufsstandes gewarnt hat, ist diese Klarstellung vielleicht doch nötig (Korruption bringt Ehrverlust – Der Sozialethiker Wolfgang Ockenfels plädiert für die Zehn Gebote als Maßstab für Unternehmer, Die Tagespost vom 7. Juni 2008, S. 7).

[4] Der Wiener Wirtschaftswissenschaftler Ewald Walterskirchen wies auf den engen Zusammenhang zwischen dem heutigen Neoliberalismus in der Wirtschaft und dem Neodarwinismus in der Biologie hin: „Beide Theorien gehen davon aus, dass nur zufällige Veränderungen/Anpassungen über Selektion bzw. Wettbewerb den Entwicklungsprozess bestimmen. Der US-Ökonom Paul Krugmann schreibt zu Recht, dass sich ein Lehrbuch der neoklassischen Mikroökonomie wie eine Einführung in die Mikrobiologie liest. In der Ökonomie zeigt sich die Nähe zur Biologie besonders in den Arbeiten Hayeks, der als einer der Väter des Neoliberalismus gilt. Friedrich von Hayek, der Spross einer Biologenfamilie, spricht explizit von ‚Aussiebung' durch den Markt. Hayek hält eine hohe Arbeitslosenquote – ähnlich wie einen Populationsüberschuss in der Tierwelt – für ökonomisch wünschenswert, damit die natürliche Selektion greifen kann. Die OECD, der Hort des Neoliberalismus, interpretiert wiederum die wirtschaftliche Krise in Europa einfach als mangelnde Anpassungsfähigkeit an Schocks – ganz ähnlich wie die Neodarwinisten das Aussterben von Tierarten. Die wirtschaftspolitischen Schlussfolgerungen aus diesen Überlegungen sind klar: Die Wirtschaftspolitik braucht nur die richtigen Rahmenbedingungen zu schaffen, damit der Selektionsmechanismus Markt richtig greifen kann. Im Klartext läuft dies darauf hinaus, das europäische Sozialmodell abzuschaffen“ (Der Standard 16./17. 7. 2005). Diesen erschütternden Befund trug Christoph Kardinal Schönborn, Erzbischof von

agierende Firmen Milliardengewinne. Banken und Sparkassen kommen durch Spekulationen[5] ihrer Manager in extreme Schieflagen, so daß die Öffentliche Hand Milliarden Euro zur Stützung aus Steuergeldern aufbringen muß. Ein weltweites militärisches Engagement der Bundeswehr an der Seite der USA zur Förderung globaler, nicht zuletzt auch wirtschaftlicher Interessen[6], das sich nur mit rhetorischen Tricks als grundgesetzlich abgesichert ausweisen läßt[7], kostet horrende Summen, die anderswo fehlen.[8]

Wien, im Rahmen einer Katechese unter dem Titel „'Schöpfung und Evolution': Warum diese Debatte so wichtig ist" vor (Zitat nach: Die Tagespost vom 5. August 2006, S. 10).

[5] Vielfältige dubiose Spekulationen, z. B. auch die Warentermingeschäfte, die mittlerweile nicht nur von einigen Spezialisten betreiben werden, sondern auch in die Fondsgesellschaften in größerem Stil eingestiegen sind, werden mehr und mehr zur Gefahr für eine gesunde Wirtschaft. Sie bedrohen u. a. die weltweite Versorgung mit Lebensmittteln und Rohstoffen zu angemessenen und bezahlbaren Preisen. Siehe den aufschlußreichen Artikel „Die Preistreiber" in: DER SPIEGEL 24/2008, 70-85.

[6] Nebenbei bemerkt: Deutschland steht europaweit an erster und weltweit an dritter Stelle im Rüstungsexport, nach den USA und Rußland! Seit 2006 sind die Exportzahlen bei uns wieder beträchtlich gestiegen (Hans Leyendecker, Rüstungsexport: Ein bisschen Krieg, Süddeutsche Zeitung vom 16. Mai 2008).

[7] So äußerte der ehemalige Bundeskanzler Helmut Schmidt in einem Interview ganz zu Recht teils aus moralischen, teils aus juristischen Gründen Bedenken gegen alle derartigen Auslandseinsätze der deutschen Streitkräfte. Auf die Frage des Journalisten, ob sich Deutschland ihnen denn wirklich auf Dauer entziehen könne, ohne Schaden an seiner Reputation zu nehmen, antwortete der mittlerweile 88-jährige und geistig beeindruckend rege Altkanzler: „Als ehemaliger Frontsoldat kann ich es gut ertragen, von einem amerikanischen Politiker als Feigling beschimpft zu werden." („Das ist Großmannssucht", DER SPIEGEL 44/2007, 34-40, hier 40).Verteidigungsminister Franz Josef Jung (CDU) forderte innerhalb der Großen Koalition Anfang April 2006, durch eine Grundgesetzänderung die Aufgaben der Bundeswehr an die neuen Erfordernisse anzupassen (Gute Gründe für eine Verfassungsänderung – „Verteidigung" hat längst einen anderen Inhalt bekommen – Damit ist das Grundgesetz von der Wirklichkeit überholt worden – Minister Jung will Klarstellung, DT vom 19. April 2006, 3). Dies wäre eine ehrliche Maßnahme. Denn mit der Bundeswehr, in der ich selbst einmal einen Diensteid geschworen habe und bis zum Hauptmann d. R. befördert worden bin, ist die heutige nicht mehr identisch. Würde man etwa jetzt noch angehende Offiziere wie uns damals als zentralen Grundsatz unserer militärischen Schulung ins Stammbuch schreiben lassen: „Kämpfen lernen, um nie kämpfen zu müssen"? Mittlerweile wird sogar überlegt, die Bundeswehr weltweit zur Sicherung deutscher Rohstoffbeschaffung und Energieversorgung einzusetzen, wie dies aus einem Strategiepapier hervorgeht, das die CDU/CSU-Fraktion des Deutschen Bundestages Anfang Mai 2008 verabschiedet hat (siehe Karl Müller, Deutschlands Plan des permanenten Kriegszustands, Zeit-Fragen Nr. 23 vom 2. Juni 2008).

Allein schon die Tatsache, an die wir uns mittlerweile widerstandslos gewöhnt haben, daß ein nicht geringer Teil mancher Nachrichtensendungen uns Abend für Abend minutenlang irgendwelche Berichte über Börsenspekulationen ins Wohnzimmer transportiert, die nur eine Minorität wirklich versteht und die sicher die Mehrheit der Bevölkerung auch weder direkt betreffen noch wirklich interessieren, spricht Bände. Und da werden wir dann ständig Augen – und Ohrenzeugen, wie Gewinnmaximierung der börsennotierten Firmen und „Freisetzung" von Arbeitskräften, wie es fast zynisch stets heißt, in einem engen Verhältnis zueinander stehen! Muß man angesichts solcher Entwicklungen erstaunt sein, daß allenthalben der Ruf nach Veränderung der Verhältnisse laut wird[9], und daß viele sich nach Zeiten zurücksehnen, wo man wirklich noch von „sozialer" Marktwirtschaft sprechen konnte?

Solche Krisenzeiten rufen naturgemäß Ideologen und Volksverführer auf den Plan. Und so muß man sich nicht wundern, wenn im extrem rechten, mehr aber noch im äußerst linken Spektrum der Parteienlandschaft immer höhere Wahlerfolge erzielt werden. Doch werden sich die mindestens teilweise antiquierten Rezepte der Linkspartei, so sehr sie oberflächlich betrachtet Hilfe zu schaffen scheinen und zugegebenermaßen auch nicht in jeder Beziehung falsch sind, letztlich nicht als tragfähig erweisen. Denn sie ruhen auf einem falschen Fundament auf.

Geradezu prophetisch, wenngleich in mancher Hinsicht, sei es formal, sei es inhaltlich, zeitbedingt und angreifbar, hat Oswald Spengler den geistigen Hintergrund solcher Krisen vorhergesehen. In seinem Buch „Jahre der Entscheidung", das wohl etwas weniger bekannt sein dürfte als der „Untergang des Abendlandes", schrieb er im Jahre 1933 (!)[10]: „'Kapitalismus' und

---

[8] Mittlerweile befürworten nur noch 34 % der Deutschen allgemein Auslandseinsätze unserer Streitkräfte, 50 % lehnen sie ab; im Falle des Engagements in Afghanistan sehen die Verhältnisse noch klarer aus, hier gibt es lediglich 29 % Zustimmung. Das ist das Ergebnis einer Umfrage des Instituts für Demoskopie Allensbach, veröffentlicht wurde es u. a. in der Zeitschrift „Loyal – Das deutsche Wehrmagazin" (11/2007, S. 6). Die Zahlen wurden also nicht etwa von einem linken, pazifistischen Institut ermittelt und von einem linken, pazifistischen Presseorgan publiziert!

[9] „Eine repräsentative Umfrage im Auftrag der Bertelsmann-Stiftung, die gestern in Gütersloh veröffentlicht wurde, weist aus, dass 73 Prozent der Bevölkerung die wirtschaftlichen Verhältnisse für ungerecht halten. Nur 13 Prozent nennen die Verteilung von Einkommen und Vermögen gerecht." (General-Anzeiger vom 17. Juni 2008, S. 1)

[10] Oswald Spengler, Jahre der Entscheidung – Deutschland und die weltgeschichtliche Entwicklung. Mit einem Vorwort von Heinz Friedrich, dtv-Sachbuch, 2. Aufl. April 1980, 139-141. Der katholische Philosophieprofessor Walter Hoeres urteilte vor kur-

‚Sozialismus' sind gleich alt, im Innersten verwandt, aus derselben Betrachtungsweise hervorgegangen und mit denselben Tendenzen belastet.[11] Der Sozialismus ist nichts als der Kapitalismus der Unterklasse. Die freihändlerische Manchesterlehre Cobdens und das kommunistische System von Marx sind beide um 1840 und in England entstanden. Marx hat den freihändlerischen Kapitalismus sogar begrüßt." In der zugehörigen Anmerkung belegte Spengler seine Behauptung: 1847 hatte Karl Marx tatsächlich den Freihandel begrüßt, weil er die früheren Nationalitäten zerstören, den Gegensatz zwischen Proletariat und Bourgeoisie auf die Spitze treiben und damit die soziale Revolution beschleunigen helfen werde. Einige Zeilen weiter fuhr Spengler fort: „So beginnt seit 1840 ein vernichtender Angriff auf das wirkliche, unendlich verwickelte Wirtschaftsleben der weißen Völker von zwei Seiten her: die Gilde der Geldhändler und Spekulanten, die Hochfinanz, durchdringt es mit Hilfe der Aktie, des Kredits, der Aufsichtsräte, und macht die Führerarbeit des fachmännischen Unternehmertums, in dem sich sehr viele ehemalige Handarbeiter befinden, die sich durch Fleiß und Genie hinaufgearbeitet haben, von ihren Absichten und Interessen abhängig. Der eigentliche Wirtschaftsführer sinkt zum Sklaven des Finanzmannes herab. Er arbeitet am Gedeihen einer Fabrik, während sie im sel-

---

zem zu Recht über Spenglers Hauptwerk „Der Untergang des Abendlandes", es sei „immer noch faszinierend, wobei Faszination nicht unbedingt mit Zustimmung gleichzusetzen ist" (Spengler oder der Untergang des Abendlandes, in: Heimatlose Vernunft – Denker der Neuzeit im Ringen um Gott und die Welt, Quaestiones non disputatae Bd. XI, Siegburg 2005, 241). Im folgenden führte Hoeres einzelne Beobachtungen und Behauptungen Spenglers vor, auf die sein Urteil zutraf. Selbstverständlich ist uns bewußt, daß die Position des berühmten Kulturkritikers keine christliche war, daß er, rein historisch betrachtet, eine Reihe nachweisbarer Fehler begangen hat und daß er, ohne selbst je Nationalsozialist gewesen zu sein, bestimmte Gedanken vortrug, die indirekt den Boden für jene verbrecherische Bewegung mit bereiteten. Auf diese Gesichtspunkte hat Günter Rohrmoser hingewiesen (Deutschlands Tragödie – Der geistige Weg in den Nationalsozialismus, hrsg. von Michael Grimminger, München 2002, 285-309). Aber damit wird ja nicht alles falsch, was Spengler sagte!

[11] Mag Spenglers Analyse in der vorgetragenen Form auch etwas pauschal und verkürzt erscheinen, so ist sie doch insofern ganz richtig, als beide Weltanschauungen, Liberalismus und Sozialismus, letztlich derselben Wurzel ihre Entstehung verdanken. Dies analysierte ein anderer großer Denker noch klarer als Spengler. Es war der Spanier Juan Donoso Cortés. Er führte beide ursprünglich revolutionären Richtungen auf den Aufstand gegen Gott und die katholishe Religion zurück. Siehe *Essay über den Katholizismus, den Liberalismus und den Sozialismus und andere Schriften aus den Jahren 1851 bis 1853*. Herausgegeben, übersetzt und kommentiert von Günter Maschke, Acta humaniora, Weinheim 1989.

ben Augenblick vielleicht durch eine Börsenspekulation, von der er nichts weiß, ruiniert wird. Und von unten zerstört die Gewerkschaft der Arbeiterführer langsam und sicher den Organismus der Wirtschaft. Die theoretische Waffe der einen ist die gelehrte, »liberale« Nationalökonomie, welche die öffentliche Meinung über Wirtschaftsfragen formt und sich beratend und bestimmend in die Gesetzgebung mischt, die der anderen das kommunistische Manifest, mit dessen Grundsätzen von der linken Seite aller Parlamente aus ebenfalls in die Gesetzgebung eingegriffen wird. Und beide vertreten das Prinzip der »Internationale«, das rein nihilistisch und negativ ist: Es richtet sich gegen die geschichtlichen, grenzsetzenden Formen - jede Form, jede Gestalt ist Begrenzung - der Nation, des Staates, der nationalen Wirtschaften, deren Summe nur die »Weltwirtschaft« ist. Sie sind den Absichten der Hochfinanz wie der Berufsrevolutionäre im Wege. Deshalb werden sie verneint und sollen vernichtet werden."

Wenn sich die Verhältnisse nun heute wirklich noch bessern sollen, müßten sich die Menschen auf die christlichen Wurzeln unserer Gesellschaft und ein christliches Konzept des sozialen Umgangs der Menschen untereinander besinnen. Erste kleinere Ansätze hierzu gibt es auch, obwohl die Suchenden leider durchaus nicht immer zum authentischen Glauben und dadurch auch zu authentischen Antworten finden. Prinzipiell hat Wolfgang Huber, Ratsvorsitzender der EKD, mit folgender Analyse aus seinem neuen Buch „Im Geist der Freiheit – Für eine Ökumene der Profile"[12] (Freiburg/B. 2007, Zitat S. 71) sicher recht: „Je unerbittlicher die europäische Welt auf die globalisierte Wirtschaft ausgerichtet wird, je strikter Macht und Finanzkraft, Lohnnebenkosten und Konkurrenzkampf das Leben bestimmen sollen, desto stärker wird nach Gegenkräften gefragt. Die meisten spüren, dass Konsum allein nicht Halt gibt, dass Wirtschaft allein nicht Sinn schenkt, dass Funktionieren allein nicht Bedeutung verleiht. Mit der Rückkehr der Religion rebelliert die Seele des Menschen gegen ihre kommerzielle Reduktion."

Hier wäre nun gerade für die katholische Kirche die Gelegenheit gegeben, deutlich Farbe zu bekennen, hier ließe sich die Schönheit und Wahrheit der christlichen Lehre auf einem wichtigen Gebiet und von da

[12] Ich danke Herrn Dr. Thomas Vielhaber, einem ehemaligen Studenten des Philologischen Seminars der Universität Bonn, herzlich für das Geschenk dieses Buches. Es hat mir, neben manchem für mich Wertvollen und Interessanten, wieder einmal aufgezeigt, wie weit der Protestantismus, jedenfalls in seiner offiziellen Form, von der katholischen, auf die Urkirche kontinuierlich zurückgehenden Lehre entfernt ist (siehe v. a. den Abschnitt „Das Verständnis des kirchlichen Amtes", 123-134).

ausgehend auch in anderen Bereichen aufweisen. Leider geschieht das viel zu zaghaft, wie der Sozialdemokrat und praktizierende Katholik Franz Müntefering bei der Vorstellung des erwähnten Buches von Kardinal Cordes zu Recht feststellte. Der ehemalige Bundesminister kritisierte, daß „die Kirche nicht offensiver mit der Wahrheit der Nächstenliebe umgeht“.[13] Auch hier wirkt sich also die Tendenz, sich der Welt mehr und mehr anzupassen und keine wahren Alternativen aus dem Geist Jesu Christi aufzuzeigen, wie sie sich in der Folge des II. Vatikanums eingestellt hat, negativ aus, und zwar eben besonders bei den deutschen Bischöfen. Diese sind ja meistens stärker als in vielen anderen Ländern in das politische und finanzielle System integriert. Man denke nur an den von den Diözesen betriebenen Weltbild-Verlag und viele seiner Produkte aus dem Bereich von Sex, Crime und seichter New Age-Religiosiät! Da man Geld, Macht bzw. Einfluß und Reputation nicht verlieren möchte, hält man sich nicht selten auch da bedeckt, wo ein offensives Eintreten für die soziale Gerechtigkeit notwendig wäre.

Man kann es nur als providentiell betrachten, daß in einer Lage, wo sich die Situation immer stärker zuzuspitzen droht, engagierte und traditionstreue Katholiken sich zusammengefunden haben, um wahrhaft christliche Antworten auf die drängenden Fragen unserer Zeit zu geben. Um das leisten zu können, muß die Soziallehre der Kirche möglichst umfassend erforscht und den Menschen vor Augen geführt werden. Zu diesem Zweck wurde das „Civitas- Institut“ von Dr. Rafael Hüntelmann und einigen Mitstreitern gegründet. Diese sind sich zwar der Begrenztheit ihrer Wirkungsmöglichkeiten völlig bewußt, wollen aber einen kleinen Beitrag zur Aufklärung interessierter Christen und Staatsbürger leisten. Sie organisieren Tagungen, Kongresse und Exkursionen und geben eine eigene wissenschaftliche Zeitschrift heraus; zwei Hefte dieses „Civitas“ genannten Publikationsorgans sind bereits erschienen. Auf besagte Aktivitäten geht auch die vorliegende Publikation zurück. Verfasser hatte die Quintessenz seiner Gedanken unter dem Titel „Solidariät: Sozialistischer oder christlicher Begriff?“ beim ersten Civitas-Kongreß vorgestellt, der, moderiert von dem Historiker und Übersetzer Joachim Volkmann, am 19. und 20. April 2008 in Bonn stattfand. Die damaligen Überlegungen werden jetzt hier in wesentlich erweiterter Form präsentiert. Dabei verkennt der Autor durchaus nicht, daß er auf dem bearbeiteten Gebiet kein Spezialist ist, vor allem dort nicht, wo es um ökonomische Fragen geht. Folglich wird der Fachmann manche wichtige Literatur vermissen und sicher auch hier und da mit dem Vorwurf des

---

[13] Zitat nach: Die Tagespost, wie Anm. 2

Dilettantismus nicht sparen. Aber wenn das Gemeinwohl von Staat und Kirche auf dem Spiel steht, ist jeder, der auch nur einen bescheidenen Beitrag zu leisten vermag, im Gewissen zur Mithilfe verpflichtet.

Einleitung

Bei einer kritischen Auseinandersetzung mit der Pastoralkonstitution des II. Vatikanums „Gaudium et spes"[14] fällt auf, daß diese stark von Gedanken geprägt ist, bei denen weniger Gott als der Mensch im Mittelpunkt steht. Alle Menschen sollen zu einer weltweiten Gemeinschaft zusammenwachsen: „Die Christen müssen auf der Pilgerschaft zur himmlischen Vaterstadt suchen und sinnen, was oben ist (Kol 3,1-2); dadurch wird jedoch die Bedeutung ihrer Aufgabe, zusammen mit allen Menschen am Aufbau einer menschlicheren Welt mitzuarbeiten, nicht vermindert, sondern gemehrt." (GS 57) Dieser Satz ist, vor allem aufgrund seines ersten Teils, sicher nicht ganz falsch. Aber er kann nur dann wirklich Gültigkeit beanspruchen, wenn die „menschlichere Welt" eine „christlichere Welt" ist.[15] Das aber wird nicht gesagt, zumindest nicht direkt. GS 57 fordert ferner sogar alle Katholiken auf, einen Beitrag zu leisten zum "Geist der internationalen Solidarität" (sensus solidarietatis[16] internationalis): Man könnte auf den ersten Blick

---

[14] Siehe hierzu meinen Beitrag in der Ausgabe der *Kirchlichen Umschau* Mai 2008 und den folgenden Nummern. Auch der jetzige Papst, so sehr er sich an der Vorbereitung und Durchführung des II. Vatikanums beteiligt hatte, äußerte Bedenken gegen manche Aspekte von „Gaudium et spes". Vincent Twomey SVD, einer der Meisterschüler Professor Ratzingers, der jetzt Moraltheologie an der Päpstlichen Hochschule Saint Patrick's College in Irland lehrt, äußerte hierzu in einem Interview: „Dann kam Schema 13, das später als ‚Gaudium et spes' verabschiedet wurde. Das war nicht vorgesehen, sondern etwas Neues, das aus dem Konzil selbst entstand. Da wurde Ratzinger klar, daß auf dem Konzil eine Wende eingetreten war. Hier wurden plötzlich Gedanken vorgetragen, und zwar beinahe mit höchster Autorität, die noch nicht reif waren. Von da an hat er die verschiedenen Bewegungen kritisch verfolgt." („Der Schlüssel ist *Humanae vitae*", in: Medizin und Ideologie 30,1/2008, 21)

[15] Jean Ousset sagt in seinem großen Werk „Pour qu'Il règne" (1. Aufl. 1959; Nachdruck der Teile I-III: Grez – en – Bouère 1986, 412) ganz zu Recht: „Si l'on croit que Dieu a institué l'Église pour réaliser l'unité des hommes dans le Christ, on ne peut se contenter d'une solidarité humaine d'où le Christ serait absent, où l'Église n'aurait pas sa place."

[16] Im Lateinischen würde man, wenn man den modernen Begriff „Solidarität" möglichst wörtlich übernehmen möchte und ihn nicht z. B. durch „mutua fides", „mutua sponsio" o. ä. umschreiben will (so der Vorschlag in: Neues Lateinlexikon [sic! Statt „Neulateinisches Lexikon"] – Lexicon recentioris latinitatis, hgg. von der Libraria Editoria Vaticana, deutsche Fassung Bonn 1998, 342 s. v. Solidarität), eher mit „solidaritas" wiedergeben. Siehe Christian Helfer, Lexicon auxiliare. Ein deutsch-lateinisches Wörterbuch, 3. Aufl. Saarbrücken 1991, 508, s. v. Solidarität, wo auch ein Beleg aus dem Jahre 1905 beigebracht wird. „solidarietas" scheint mir fälschlich vom Italienischen beeinflußt zu sein („solidarietà"). Insofern ist folgende Bemerkung ergänzungs-

glauben, eher das Abschlußkommuniqué einer sozialistischen Parteiversammlung zu lesen als einen katholischen Konzilstext! Die Beschäftigung mit dieser Stelle und die Frage, ob sie mit dem katholischen Glauben aller Zeiten übereinstimmt, waren für den Verfasser dieses Bändchens der Ausgangspunkt für die Auseinandersetzung mit der katholischen Soziallehre. Sie bildete sozusagen die „aitía“, den äußeren Anlaß, im Sinne des Methodenkapitels der Thukydideischen Darstellung des Peloponnesischen Krieges (1,23). Der tiefere Hintergrund, die „alethestáte próphasis“ nach der Terminologie des attischen Historikers, liegt hingegen in der schon im Vorwort erwähnten, seit einigen Jahren immer mehr wachsenden persönlichen Sorge um die Qualität unseres Gemeinwesens.

---

bedürftig: „Das lat. *solidarietas* ist eine späte, dem Wort S. (= Solidarität, H-L B) nachgebildete nlat. Wortschöpfung“ (Alois Baumgartner, Art. Solidarität. I. Begriffsgeschichte, LThK 3. Aufl. 9/2000, 706). Über das Latein der Pastoralkonstitution "Gaudium et spes" urteilte P. Benedikt Reetz, der Generalobere der Benediktiner der Beuroner Kongregation, allgemein und wohl im ganzen nicht zu Unrecht, es sei "schändlich" (Ralph Wiltgen, Der Rhein fließt in den Tiber – Eine Geschichte des Zweiten Vatikanischen Konzils, deutschsprachige Ausgabe Feldkirch 1988, 217). Der Konzilstext ist darüber hinaus von einer streckenweise geradezu ermüdenden Geschwätzigkeit geprägt. Verschiedene Aspekte werden immer und immer wiederholt, so z.B. der Fortschrittsoptimismus und der Glaube an die zur Einheit zusammenwachsende „Menschheitsfamilie“.

Kritik von Christen am Begriff „Solidarität“

Beginnen wir mit dem Begriff der Solidarität. Der protestantische Politikwissenschaftler Klaus Motschmann übte Kritik am kirchlichen Gebrauch dieser Terminologie: "In diesem Zusammenhang ist daran zu erinnern, daß der Begriff 'Solidarität' im ganzen Neuen Testament und in den (protestantischen, H-L B) Bekenntnisschriften nicht vorkommt, sondern ein typisch marxistischer Begriff ist".[17] Konrad Adam hat in seinem lesenswerten Buch "Die Republik dankt ab - Die Deutschen vor der europäischen Versuchung"[18] den Begriff "Solidarität" in die geistesgeschichtliche Entwicklung verwandter Ausdrücke eingeordnet. Es lohnt sich, den ganzen Abschnitt zu zitieren; denn ohne daß direkt eine kirchliche Perspektive angesprochen würde, zeigt er deutlich, in welche Tradition hier manche Rezipienten das II. Vatikanum eingereiht sehen: "Um zu beschreiben, was eine Gemeinschaft zusammenhält, hätte man bis zur Französischen Revolution wahrscheinlich von Sympathie und Nächstenliebe gesprochen, danach von Brüderlichkeit, dem profanen Nachfolger der christlichen Caritas. Der Sozialstaat will von allen dreien nichts mehr hören, er kennt und schätzt nur noch eine Tugend: die Solidarität. Solidarität, mehr als nur ein neues Wort für eine alte Sache, ist allerdings ein Kampfbegriff, eine Parole aus der Frühzeit der Arbeiterbewegung, die sich unter diesem Ruf zusammentat, um gleiche Rechte zu erzwingen." Im folgenden führt Adam aus, daß - im Unterschied zum alten Begriff der Caritas - der moderne Ausdruck von seiner Genese her nicht immer nur zusammenfügt, sondern zugleich auszuschließen vermag, da Solidarität auch *gegen* jemanden oder bestimmte Gruppen geübt werden kann. So käme es zu Lagerbildungen. Der einzelne würde sich dabei nur insofern einer Solidargemeinschaft einfügen, wie er dort seine Interessen ausreichend berücksichtigt sähe. Letztlich gilt für eine derartige Form von Solidarität, was Adam so formuliert: "Ihr Zögling ist der Einzelmensch, der seine Nachbarn nicht mehr kennt."[19]

Wie stark die Vorbehalte in ernsthaft christlichen Kreisen gegen die Verwendung des Begriffs „Solidarität“ sind, konnte ich selbst vor einiger Zeit erfahren. Als ich bei der von meiner Frau und mir betreuten Schönenberger Theologischen Sommerakademie im Jahre 1998 unreflektiert den Begriff "Solidarität" gebrauchte, um einige jüngere Teilnehmer zu einem vor der Gemeinschaft zu verantwortenden Handeln zu ermahnen, tadelte

[17] Jesus war kein Sozialarbeiter, JF Nr. 45/1996, 17.
[18] Berlin 1998, 240 S.
[19] Zitate a. O. 87

einer unserer Gäste mich in einem anschließenden privaten Gespräch spontan mit dem Hinweis, solch eine wesenhaft mit sozialistischem Gedankengut behaftete Terminologie sollte gerade ein katholischer Hochschullehrer eher meiden, der sich auch um Weitergabe des Glaubens an Studenten bemühe. Damals gab ich dem Kritiker recht, weil ich mich mit der Materie noch nicht ausreichend beschäftigt hatte.

Die Ursprünge des Begriffs „Solidarität“

In Wahrheit liegen die Dinge viel komplizierter, als daß man den Begriff „Solidarität“ von vornherein als unkatholisch abweisen dürfte. Zugegebenermaßen stammt er, so wie er später meist verwendet wurde, zunächst aus dem sozialistischen Umfeld. Geistige Väter jenes Denkens sind französische Frühsozialisten, was nicht verwundert, da der Ausdruck in der Rechtssprache des französischen Sprachraums bereits existierte.[20] Hier wären beispielsweise P. I. Proudhon und C. H. de Saint-Simon zu nennen. In Deutschland hat dann F. J. G. Lassalle die Verbreitung des Denkens in den Kategorien jener „Solidarität“ gefördert. Sie wurde schließlich expressis verbis unter die Grundwerte des Sozialismus aufgenommen.[21]

Große Furore machte das Konzept der „Solidarität“ gegen Ende des 19. Jahrhunderts vor allem im französischen „Solidarismus“, hier wären Namen wie Léon Bourgeois und Alfred Fouillée zu nennen. Auch auf die sozialwissenschaftlichen Diskussionen schon eines Auguste Comte und dann des berühmten Soziologen E. Durkheim wirkte der Begriff der „Solidarität“ stark ein, wobei alle genannten Personen durchaus nicht immer identische Vorstellungen vertraten. Letztlich sollte jedenfalls die moderne Theorie sozialer Gerechtigkeit an die Stelle christlicher Liebestätigkeit bzw. auch an die der republikanischen „fraternité“ („Brüderlichkeit“) treten.[22]

---

[20] Alois Baumgartner, Art. Solidarität, LThK (3. Aufl.) 9/2000, 707.

[21] Gustav Gundlach SJ, Art. Solidaritätsprinzip, in: Staatslexikon, hg. von der Görres-Gesellschaft, 6. Aufl. 7/1962, 119 f.

[22] Hermann-Josef Große Kracht, Jenseits von Mitleid und Barmherzigkeit. Zur Karriere solidaristischen Denkens im 19. und 20. Jahrhundert, in: Jahrbuch für christliche Sozialwissenschaften 48/2007, 26. Der gesamte Band des Jahrbuchs ist dem Themenkomplex „Solidarität“ gewidmet.

Katholische Befürworter des Konzepts der „Solidarität"

Aber ohne die christliche Nächstenliebe zu ersetzen, sondern vielmehr um sie für den Bereich der kommutativen Gerechtigkeit[23], d. h. des Ausgleichs unter den Menschen vor allem auf der horizontalen Ebene, zu ergänzen, übernahmen dann auch Vertreter der katholischen Soziallehre den Begriff in ihr ethisches System: Dabei füllten sie ihn allerdings teilweise mit anderem, nämlich christlichem Gedankengut. Archiget ist hier der Jesuit Heinrich Pesch (1854 – 1926). Er verknüpfte die „Solidarität" mit dem Konzept der „Berufsständischen Ordnung".[24] Diese bringt zweifellos viele Vorteile mit

[23] Zu den verschiedenen Formen der Gerechtigkeit kann man folgendes Bändchen von Otfried Höffe mit Gewinn konsultieren: Gerechtigkeit – Eine philosophische Einführung, C. H. Beck – Wissen, München 2001, siehe z.B. das nach der Lehre des Aristoteles erstellte Schaubild auf S. 25. Höffe bringt auch den Mut auf, den Vergeltungscharakter für die Strafgerechtigkeit – neben anderen Aspekten – wieder einzufordern (78-84). Zum tieferen Verständnis dessen, was Gerechtigkeit bedeutet, ist auch folgende Textsammlung nützlich: Philosophie der Gerechtigkeit – Texte von der Antike bis zur Gegenwart, hrsg. von Christoph Horn und Nico Scarano, Frankfurt/M. 2002.

[24] Siehe Große Kracht a. O. 29-31. Zur berufsständischen Ordnung, wie sie die Katholische Kirche früher immer wieder empfohlen hat (z. B. Papst Pius XI. in seiner Enzyklika „Quadragesimo anno" vom Jahre 1932) siehe Rafael Hüntelmann, Die berufsständische Ordnung als Modell einer gerechten Gesellschaft, in: Civitas 2/2008, 27-43. Auch das „Staatslexikon" der Görres-Gesellschaft hält in seiner 7. Auflage noch einen Artikel „Berufsständische Ordnung" bereit. Der Verfasser, Rudolf Weiler, neigt freilich dazu, dieses wichtige Konzept hier und da etwas zu verwässern (Staatslexikon 1/1995, 695-698).

Eine berufsständische Ordnung bietet einem Gemeinwesen den großen Vorteil, daß der gefährliche und oft lähmende Antagonismus zwischen Arbeitgebern und Arbeitnehmern ausgeglichen und abgemildert wird: Beide Seiten wären in einer berufsständischen Gruppe, beispielsweise der des Handwerks, der Landwirtschaft, der Gastronomie oder des Bankenwesens, repräsentiert, wobei mit der katholischen Soziallehre durchaus die paritätische Vertretung vereinbar ist. Die berufsständische Ordnung muß übrigens nicht automatisch zum direkten Ständestaat führen. Einen solchen wollte – unter schwierigen politischen Rahmenbedingungen und daher auch nicht ohne autoritäre Maßnahmen möglich – Engelbert Dollfuß in Österreich Anfang der 30er Jahre des vorigen Jahrhunderts auf dem Boden der katholischen Soziallehre verwirklichen - was nicht mit Mussolinis Ständestaat verwechselt werden sollte! Sein Einsatz kostete Dollfuß schließlich das Leben, er wurde von nationalsozialistischen Verbrechern bestialisch ermordet (zu seinem Leben und Denken siehe jetzt Georg Landgrebe und P. Michael Weigl, Die Aktualität von Dollfuß, Civitas 2/2008, 3-26). Für einen christlichen Ständestaat hatte sich z.B. vehement auch schon Eugen M. Kogon in den 20er Jahren eingesetzt, der spätere Gegner des Nationalsozialismus und Verfasser des berühmten Buches „Der SS-Staat" (erschienen 1946). Von Othmar Spann beeinflußt,

sich, gerade auch für einen demokratischen Staat, und wäre z.B. in der Lage, die Allmacht der Parteien[25], die so vom Grundgesetz überhaupt nicht vorgesehen ist[26], etwas zu relativieren und zu korrigieren. Pesch ging nun nicht von irgendwelchen neuzeitlichen Vertragstheorien aus, nach denen sich die Individuen erst durch Kontrakte zu staatlichen Gemeinschaften zusammengeschlossen hätten[27] und die letztlich ja jedes Sinns für die Realität des Menschen und seines wahren Wesens entbehren.[28] Vielmehr

---

versuchte er, durchaus katholischen Idealen folgend, einen mittleren Weg zwischen liberalem Kapitalismus und kollektivem Sozialismus einzuschlagen. Dieser sollte stark vom Prinzip der Solidarität leben und vor allem einer genossenschaftlich organisierten Wirtschaftsform verpflichtet sein. Eugen Kogon verfaßte zu seinen politischen Zielen eine Aufsatzserie, die unter dem Titel „Der Ständestaat des Solidarismus" in der katholischen Zeitschrift „Hochland" (25,2/1928) erschienen ist und, auch wenn man nicht allem zustimmen will, doch in mancher Hinsicht noch heute die Lektüre lohnt.

[25] Viele Italiener sprechen mittlerweile angesichts einer politischen Situation, die in dieser Hinsicht der deutschen nicht so fern ist, nicht mehr von einer „democrazia", sondern von einer „partitocrazia". Man darf für unser Vaterland nur an den Fall der SPD-Abgeordneten Dagmar Metzger im hessischen Landtag während des ersten Quartals des Jahres 2008 erinnern: Als von ihrer Stimme die Wahl der Sozialdemokratin Andrea Ypsilanti zur Ministerpräsidentin abhing, die gegen die klare Zusage vor dem Urnengang mit Hilfe der Partei der Linken zustande kommen sollte, vergaß man alle grundgesetzlich garantierte Unabhängigkeit der Abgeordneten (GG Art. 38, 1) und versuchte mit den übelsten Mitteln, Frau Metzger zu erpressen. Schöne Demokratie!

[26] Art. 21 Abs. 1 GG spricht davon, daß die Parteien „bei der politischen Willensbildung des Volkes mitwirken". Da ist nicht die Rede davon, daß sie mehr oder minder alles selbst bestimmen, und noch dazu, wie es sich in den letzten Jahren leider immer stärker herausgebildet hat, auch auf Druck der Lobbyisten aus der Industrie handeln, hinter denen nicht selten das international organisierte und miteinander verflochtene Großkapital steht! Die Weimarer Verfassung hob übrigens die Parteien überhaupt nicht hervor (siehe die Tabelle mit den unterschiedlichen Bestimmungen beider Konstitutionen in: Ludger Grevelhörster, Kleine Geschichte der Weimarer Republik 1918-1933 – Ein problemgeschichtlicher Überblick, Münster 2002, 38).

[27] Immerhin hatte auch Fouillée den Staat im Gegensatz zur herrschenden Vertragstheorie schon stärker als Organismus gesehen. Siehe Dieter Grimm, Art. Solidaritätsprinzip, in: Evangelisches Staatslexikon, begründet von Hermann Kunst und Siegfried Grundmann, herausgegeben von Hermann Kunst, Roman Herzog und Wilhelm Schneemelcher, 2. Aufl. 1975, 2314.

[28] Immerhin scheint sich auch Thomas Hobbes, der als erster bedeutender Denker der Neuzeit ein derartiges wirkmächtiges Vertragsmodell aufstellte, des fiktionalen Charakters einer solchen Annahme bewußt gewesen zu sein und kein wirklich historisches Ereignis dieser Art postuliert zu haben. Darauf machte Walter Hoeres aufmerksam (Heimatlose Vernunft – Denker der Neuzeit im Ringen um Gott und die Welt, Siegburg 2005, 190-200, hier v. a. 195, vgl. auch Höffe, Gerechtigkeit, 63). Hobbes glaub-

stützte er sich auf das Naturrecht, nach dem der Mensch von seiner göttlichen Bestimmung her, wie es schon Aristoteles formuliert hatte, ein Gemeinschaftswesen, ein „zoon politikon“, bzw. in der lateinischen Form ein „animal sociale“, ist.[29]

---

te, ein solches Modell propagieren zu müssen, weil ihm die aristotelische Einsicht in die wahre *Natur* des Menschen, die von vornherein sozial geprägt ist, fehlte. Eine ähnliche Kritik läßt sich mutatis mutandis auch an den anderen Vertragsmodellen der Neuzeit üben. Der Klassische Philologe Arbogast Schmitt (Der Einzelne und die Gemeinschaft in der Dichtung Homers und in der Staatstheorie bei Platon – Zur Ableitung der Staatstheorie aus der Psychologie, Stuttgart 2000, v. a. 41-44 und 75-79) und der Philosophieprofessor Otfried Höffe (Aristoteles: Ethik und Politik, in: Kann man heute noch etwas anfangen mit Aristoteles? Hrsg. von Thomas Buchheim, Hellmut Flashar und Richard A. H. King, Darmstadt 2003, 125-141, v. a. 134 ff.) haben die Überlegenheit oder zumindest unaufgebbare Einsichten des platonischen bzw. des aristotelischen Staatsdenkens auch für unsere Zeit herausgestellt; Höffe erinnert in diesem Zusammenhang daran, daß Aristoteles sogar als Gründungsvater des gerade heute aktuellen Subsidiaritätskonzeptes angesehen werden darf (a. O. 137). Auch der Klassische Philologe Wolfgang Kullmann hat mehrfach zu Recht den Wert der politischen Konzeptionen des Aristoteles auch noch für unsere Zeit betont , siehe z. B. sein Opus magnum „Aristoteles und die moderne Wissenschaft“, Stuttgart 1998, 313-458. Auf S. 332 f. wird z. B. der Ansatz von W. Hennis aus dem Jahre 1963 mit offenkundiger Sympathie referiert, den aristotelischen Begriff des Gemeinwohls wieder zu beleben, der durch Macchiavelli, Hobbes und Descartes aus der Staatslehre eliminiert worden sei.

[29] Grundlegende und auch heute noch gültige Gedanken zu dieser Einsicht findet man aus katholischer Perspektive in dem schon älteren Standardwerk „Das Naturrecht – Handbuch der Gesellschaftsethik, Staatsethik und Wirtschaftsethik“ von Johannes Messner (Dritte, neubearbeitete, wesentlich erweiterte Auflage Innsbruck-Wien-München 1958). Für die Gewinnung fundamentaler katholischer Erkenntnisse zur Soziallehre wichtig ist auch, um wenigstens ein weiteres Standardwerk zu nennen: Robert Linhardt, Die Sozialprinzipien des hl. Thomas von Aquin, Freibg./B. 1932. Viele Stellen, an denen sich der hl. Thomas mit sozialen Fragen beschäftigt, sind in deutscher Übersetzung zusammengestellt von Karl Schulte in seinem Büchlein „Staat und Gesellschaft im Denken des Thomas von Aquin“ (Ausgewählte Stücke in Übersetzung, eingeleitet und erläutert, Ferdinand Schöninghs Sammlung philosophischer Lesestoffe, 8. Bändchen, Paderborn o. J., 79 S.).

Markus Krienke hat jüngst, und zwar in Distanzierung einerseits vom liberalistischen Individualismus und dann aber auch vom Kommunitarismus, mit Bezug auf *Gaudium et spes* Nr. 12, wo die aristotelische Konzeption mit den Worten „Homo etenim ex intima sua natura ens sociale est“ zitiert wird, das Wesen des Menschen so beschrieben: „Dadurch wird für die katholische Soziallehre das Individuum zur kritischen Instanz für die Gesellschaft, allerdings nicht aus einem liberalen Atomismus heraus, sondern aus dem Faktum einer universalen Relationalität mit allen Menschen, die in ihrer Intersubjektivität ihren autonomen

Berühmte Theologen schlossen sich dem katholischen Solidarismus, teilweise in leicht modifizierter Form, an, wie vor allem der von Papst Pius XII. hochgeschätzte Jesuit Gustav Gundlach und der in weiten Kreisen auch außerhalb der katholischen Kirche geachtete Oswald von Nell-Breuning, ebenfalls Mitglieder des Jesuitenordens, jener zuletzt mit seinem Buch „Baugesetze der Gesellschaft. Solidarität und Subsidiarität", das 1990 beim Herderverlag in Freiburg erschienen ist.[30] Nell-Breuning hatte übrigens kurz nach dem Erscheinen der großen Sozialenzyklika Papst Pius XI. „Quadragesimo anno" aus dem Jahre 1931 einen umfangreichen Kommentar zu ihr vorgelegt, der später noch in weiteren Auflagen erschien.[31]

Im deutschen Protestantismus fristete das Solidaritätskonzept übrigens bis in die 60-er Jahre eher ein Schattendasein. Ein Grund hierfür ist sicher im stärkeren Individualismus lutherischer und erst recht reformierter Ausrichtung[32] zu sehen, die ja auch keine klare Kirchengemeinschaft kennt,

---

Selbstand nicht aufgeben, sondern gerade durch ihre Relationalität zu ihrem außerweltlichen Schöpfer zu einem universellen intersubjektiven Gemeinwesen werden." (Personalität, Solidarität und Subsidiarität - Zwischen Kommunitarismus und katholischer Sozialethik. Ein Vergleich, in: ZKTh 130/2008, 96). Die Formulierung ist zwar etwas kompliziert geraten. Der Kern der Aussage wird aber wohl dem Wesen der katholischen Soziallehre durchaus gerecht, wenn man von der etwas problematischen, aber durch den Kontext gemilderten Behauptung der Autonomie absieht.

[30] Nell-Breuning mag, was ihm in konservativen katholischen Kreisen häufig vorgeworfen wird, vielleicht hier und da seinem Landsmann Karl Marx (beide stammten aus Trier) zu stark entgegengekommen sein. Darauf weist Konrad Löw in seinem lesenswerten Buch „Der Mythos Marx und seine Macher – Wie aus Geschichten Geschichte wird" (München 1996, 236-242) hin. „Marxist" ist Nell-Breuning jedoch nie gewesen, wie auch Löw betont (241)! Leider unterstützte der Jesuit allerdings die (jedenfalls teilweise eher sozialistisch geprägte) Einheitsgewerkschaft zu Lasten christlicher Gewerkschaften, was ihm Walter Hoeres zu Recht mehrfach vorgeworfen hat (zuletzt in: Rückkehr zu St. Ignatius? *Der General und seine Truppe,* in: Theologisches 38,3-4/2008, 116).

[31] Die soziale Enzyklika. Erläuterungen zum Weltrundschreiben Papst Pius' XI. über die gesellschaftliche Ordnung. Von Oswald von Nell-Breuning S.J., Köln 1932.

[32] „La seconde évidence est que l'homme de Calvin n'a rien à voir avec celui d'Aristote: comment le péché, qui a rompu le lien de l'homme avec Dieu, n'aurait-il pas rompu celui de l'homme avec l'homme? Car d'abord, comment un pécheur pourrait-il porter intérêt à un autre, alors-qu'aucun pécheur ne peut aider au salut d' un autre, Dieu seul pouvant faire grâce?... Ainsi le calviniste est-il plus porté par sa nature à vivre seul qu'en societé, et il y a en lui un fond d'anarchisme qu'aucun lien social ne pourra entièrement oblitérer." (Claude Polin, La politique selon Calvin, Fideliter 183/2008, 67 f.) Der Verf. gibt im folgenden zu, daß auch Kalvinisten selbstverständlich Vereinigungen von Menschen kennen, daß diese aber so, wie sie Calvin und seine

jedenfalls nicht als heilsvermittelnde Institution.[33] Freilich sind Aspekte des mit der Solidarität verbundenen Denkens, wenngleich unter teilweise etwas anderen Vorzeichen, auch vorher schon im Protestantismus reflektiert worden.[34]

Solidarität und Subsidiarität in christlichem Verständnis

Das Prinzip des katholischen Solidarismus und seine Abgrenzung von bestimmten Ideologien läßt sich gut folgenden einführenden Worten Joseph Kardinal Höffners entnehmen, der selbst ja ein einflußreicher Vertreter der Christlichen Sozialwissenschaften war: „Das *Prinzip der Solidarität* (von solidare = fest zusammenfügen)... setzt bei der Personalität und Sozialität des Menschen *zugleich* an und besagt wechselseitiges Verbundensein und Verpflichtetsein. Damit sind sowohl der Individualismus, der die Sozialnatur des Menschen leugnet und in der Gesellschaft nur einen Zweckverband zum mechanischen Ausgleich der Einzelinteressen sieht, als auch der Kollektivismus, der den Menschen seiner Personwürde beraubt und zum bloßen Objekt gesellschaftlicher, vor allem wirtschaftlicher Prozesse erniedrigt, als gesellschaftliche Ordnungsprinzipien abgelehnt."[35]

Nachfolger konstruieren, nicht in der Natur des Menschen automatisch begründet liegen.

[33] Paul Hacker erkennt in seinem großartigen, vom jetzigen Papst früher wärmstens empfohlenen Buch „Das Ich bei Martin Luther – Der Ursprung der anthropozentrischen Religion" (Erstausgabe 1966, Nachdruck Edition Kirchliche Umschau, Bonn 2002, 252; 273 u. a.) an, daß für Luther eine christliche Existenz ganz ohne Kirche oder, wie er meist zu sagen pflegte, Gemeinde nicht möglich war. Allerdings legt diese nicht die Hl. Schrift verbindlich aus, ist fehlbar und nicht heilsvermittelnd. Letztlich ist jeder Christ sich selbst Papst und Kirche (Hacker 266, 274 u. a.). Zum protestantischen Kirchenbegriff siehe auch Verf., Bischöfliche Umdeuter. Zum römischen Dokument „Antworten auf Fragen zu einigen Aspekten bezüglich der Lehre über die Kirche" vom 10. Juli 2007, in: Kirchliche Umschau 10,12/2007, 1/6-8.

[34] Traugott Jähnichen, Solidarität als Begriff der evangelischen Theologie und Sozialethik, in: Jahrbuch für christliche Sozialwissenschaften 48/2007, 81-104. Siehe auch Grimm, Evangelisches Staatslexikon a. O.: „Dagegen ist es (das Solidaritätsprinzip, H-L B) in der ev. Sozialethik schwächer ausgebildet."

[35] Joseph Kardinal Höffner, Christliche Gesellschaftslehre – Studienausgabe, 3. Aufl. der Studienausgabe nach der 7. erweiterten Auflage Kevelaer 1978, 43. Vgl. auch Roland Minnerath (Erzbischof von Dijon), Pour une éthique sociale universelle – La proposition catholique, Paris 2004, 308: « La solidarité est l'antithèse de l'individualisme, qui ne conçoit la societé que comme une mécanique utile pour équilibrer les intérêts individuels. La solidarité s'oppose aussi au collectivisme qui réduit l'être humain au rôle de rouage impersonnel de la mécanique économique et sociale. »

Wer also die Notwendigkeit der Solidarität auch und gerade im Rahmen der christlichen Gesellschaftslehre fordert, folgt der Einsicht, daß die Menschen aufeinander angewiesen sind und ihre persönlichen Ziele nur im Zusammenwirken erreichen können. Der katholische Sozialwissenschaftler Anton Rauscher verleiht in einem Artikel des „Staatslexikons" der Görres-Gesellschaft (Art. „Solidarität", Staatslexikon 7. Aufl., 4/1995, Sp. 1192) der Solidarität sogar einen überragenden Rang, er bezeichnet sie als „das Ordnungsprinzip der Gesellschaft im Ganzen und in ihren Teilbereichen, das ‚Baugesetz der menschlichen Gesellschaft' (O. v. Nell-Breuning)." Im weiteren Verlauf seines Artikel (Sp. 1193) setzt Rauscher den Begriff in seiner christlichen Prägung von nur oberflächlich vergleichbaren sozialistischen Konzepten ab: „Im christlichen Verständnis hat. S. nichts mit ‚Klassenkampf-S.' zu tun. Diese knüpft nämlich strukturell an die gegensätzlichen Interessen zwischen Arbeitnehmern und –gebern an, nicht an die Verpflichtung zur Zusammenarbeit im Dienste der wirtschaftlichen Versorgung der Menschen. Die Klassen-S. kennt keinen gerechten Ausgleich der Interessen, sondern nur die Bekämpfung des Klassenfeindes, die auf eine radikale Systemveränderung im Sinne einer sozialistischen Gesellschaft hinausläuft. S. ist gleichfalls nicht vorhanden, wenn sie innerhalb eines bestimmten Rahmens, etwa der Verbundenheit im Staat, nur die eigene Gruppe bejaht, aber die Komplementarität zu anderen Gruppen geleugnet wird."[36]

Neben dem Begriff „Solidarität" taucht in der katholischen Soziallehre des 20. Jahrhunderts immer wieder der Ausdruck „Subsidiarität" auf. Worum es sich hierbei handelt, hat wiederum Joseph Kardinal Höffner mit Bezug auf das katholische Lehramt so klar ausgedrückt, daß wir es mit eigenen Worten nicht besser wiedergeben könnten: „Die klassische Definition des Subsidiaritätsprinzip findet sich in der Enzyklika ‚Quadragesimo anno' (n. 79-80): ‚Wie dasjenige, was der Einzelmensch aus eigener Initiative und mit seinen eigenen Kräften leisten kann, ihm nicht entzogen und der Gesellschaftstätigkeit zugewiesen werden darf, so verstößt es gegen die Gerechtigkeit, das, was die kleineren und untergeordneten Gemeinwesen leisten und zum guten Ende führen können, für die weitere und übergeordnete Gemeinschaft in Anspruch zu nehmen; zugleich ist es überaus nachteilig und verwirrt die ganze Gesellschaftsordnung. Jedwede Gesellschaftstätigkeit ist ja ihrem Wesen und Begriff nach subsidiär; sie soll die Glieder des Sozialkörpers unterstützen, darf sie aber niemals zerschlagen

[36] Anton Rauscher verfaßte übrigens selbst ein ganzes Werk zum Thema, das unter dem Titel erschienen ist „Personalität, Solidarität, Subsidiarität" (Köln 1975).

und aufsaugen... Je besser durch strenge Beobachtung des Prinzips der Subsidiarität die Stufenordnung der verschiedenen Vergesellschaftungen innegehalten wird, um so stärker stehen gesellschaftliche Autorität und gesellschaftliche Wirkkraft da, um so besser und glücklicher ist es auch um den Staat bestellt.'[37] Pius XII. nannte das Subsidiaritätsprinzip einen ,von der Soziallehre der Kirche stets verteidigten Grundsatz', daß nämlich ,Tätigkeit und Leistung von seiten der Gesellschaft immer nur eine unterstützende Bewandtnis haben und die Tätigkeit des Individuums, der Familie, des Berufsstandes nur stützen und ergänzen dürfen' (Pius XII., 18. 7. 1947). Es ist viel beachtet worden, daß Pius XII. die Geltung des Subsidiaritätsprinzips ,auch für das Leben der Kirche, ohne Nachteil für deren hierarchische Struktur' ausgesprochen hat (20. 2. 1946).“[38]

Auftragstaktik als praktische Anwendung des Subsidiaritätsprinzips

Das Subsidiaritätsprinzip spielt für gesunde Gemeinwesen demnach eine große Rolle. Ja Pius XI. bezeichnete es in einem Satz seiner Enzyklika „Quadragesimo anno“ (Nr. 79), der oben von Kardinal Höffner nicht mitzitiert worden ist, sogar als „den obersten sozialphilosophischen Grundsatz“.[39] Das Subsidiaritätsprinzip geht sogar bis in solche Bereiche hinein, die nach festen hierarchischen Strukturen gegliedert sind. Selbst die

---

[37] Auch Papst Johannes XXIII. zitierte diese Worte Papst Pius' XI. (siehe DH 3738) in seiner Sozialenzyklika „Mater et magistra“ vom 15. Mai 1961 (AAS 53/1961,414; siehe auch DH 3943).

[38] Joseph Kardinal Höffner, Christliche Gesellschaftslehre, 52 f.

[39] So die deutsche Übersetzung, die neben anderen päpstlichen Stellungnahmen zum Subsidiaritätsprinzip zitiert wird in dem wertvollen, dreibändigen Sammelwerk von P. Eberhard Welty O. P. „Herders Sozialkatechismus“ (2. Aufl. Freiburg 1952, Bd. I, 137). Im Sammelband „Mensch und Gemeinschaft in christlicher Schau – Dokumente“, hg. von Emil Marmy unter Mitwirkung von Josef Schafer und Anton Rohrbasser, Freiburg./Schw. 1945, Nr. 672, S. 479, ist die Rede von „jenem hochbedeutsamen Grundsatz der Sozialphilosophie“. Die Übersetzung bei Denzinger-Hünermann lautet im Textzusammenhang: „... so bleibt dennoch in der Moralphilosophie jener äußerst gewichtige Grundsatz fest und unverrückbar.“ (DH 3738) Diese Version steht der lateinischen Fassung am nächsten: „fixum tamen immotumque manet in philosophia morali gravissimum illud principium.“ Der Begriff „Sozial- (Philosophie)“ kommt also an sich im Original gar nicht vor, obwohl eine solche Übersetzung dem Sinn der Stelle gerecht wird. Ein echter Superlativ scheint nicht vorzuliegen, denn dann würde man eher einen Genitiv erwarten „philosophiae moralis gravissimum illud principium“. Die elativische Übertragung ist also angemessen. Das Subsidiaritätsprinzip wird im folgenden lateinisch so formuliert „'subsidiarii' officii principium“.

Bundeswehr, hier übrigens schon in einer längeren militärgeschichtlichen Tradition Deutschlands stehend[40], führt ihre Truppen nicht per sog. Befehlstaktik, nach der dem jeweiligen Untergebenen die Ausführung von Anordnungen bis ins Detail vorgeschrieben wird, sondern nach der sog. Auftragstaktik: Hier wird dem Untergebenen eine militärische Aufgabe genannt, die es zu bewältigen gilt, die Mittel zu ihrer praktischen Umsetzung sind ihm aber weitgehend selbst überlassen. Der Vorgesetzte greift nur dann korrigierend und fördernd ein, wenn das Ziel verfehlt zu werden droht oder sich auf anderem Wege merklich leichter erreichen ließe. „Der kooperative Kompaniechef wählt das Führungsprinzip der Auftragstaktik. Er benennt dabei dem Untergebenen das zu erreichende Ziel und stellt ihm die zur Erfüllung des Auftrags notwendigen Mittel zur Verfügung. Die Art der Durchführung hingegen bleibt den Untergebenen überlassen, die sie je nach Lage zielgerecht gestalten können. Der Soldat hat mitzudenken; der kooperativ führende Kompaniechef fordert ihn zur Mitarbeit und Eigeninitiative auf." So war es z.B. in dem „Handbuch für den Kompaniechef" zu lesen (Walhalla und Praetoria-Verlag, Regensburg 1986, 15), das ich mir 1988 bei meiner Beförderung zum Hauptmann d. R. zulegte.

Es liegt auf der Hand, daß ein solches System weit über den militärischen Bereich hinaus, also z.B. auch in der Wirtschaft und in der staatlichen Administration, nicht nur viel flexibler auf unvorhergesehene Situationen reagieren kann, sondern auch insofern effizienter ist, als dem Auftragsempfänger ein viel größerer Spielraum verantwortlicher Selbstgestaltung bleibt und sich damit seine Erfolgserlebnisse verstärken und vermehren. Eine größere Freude an der Arbeit und dadurch mehr Einsatzbereitschaft und bessere Ergebnisse sind die natürliche Folge.

Außerdem könnte dann auf manche gesetzliche Bestimmung verzichtet werden, die bis ins Detail alles regelt und vorschreibt – und sich dann oft genug als ineffizient oder gar schädlich erweist! Hatte nicht schon die Antike

---

[40] Die Wende scheint v. a. mit dem preußischen Exerzierreglement von 1888 für die Infanterie eingeleitet worden zu sein, in dessen Vorwort der Kaiser das anmahnte, was man später „Auftragstaktik" nennen sollte. Im Reglement hieß es u. a. wörtlich: „Jeder Truppenbefehlshaber vom Kompagnieführer aufwärts … darf in der Wahl der Mittel so wenig als möglich beschränkt werden." (Zitat nach: Symbole und Zeremoniell in deutschen Streitkräften vom 18. bis zum 20. Jahrhundert, von Hans-Peter Stein, mit einem Beitrag von Hans-Martin Ottmer, hrsg. vom Militärgeschichtlichen Forschungsamt in Potsdam. Lizenzausgabe der 2. überarbeiteten Auflage, Augsburg 1991, 145. Ich danke Herrn OTL d. R. Otmar Mengels für den Hinweis auf dieses instruktive Buch).

ganz richtig den Zusammenhang zwischen der Zahl der Gesetze und der Qualität eines Staates eingeschätzt? So sagte Tacitus mit Blick auf das „Zeitalter der Revolution“, also die Jahre der Bürgerkriege im 1. Jh. v. Chr.: „corruptissima re publica plurimae leges“ (ann. 3,27). Verallgemeinernd könnte man diesen Satz so wiedergeben: „Wenn der Staat am verkommensten ist, ist die Zahl der Gesetze am größten.“[41]

Das Subsidiaritätsprinzip verhindert staatliche Überregulierung

Man kann es nur als Trauerspiel deutscher Politik der Gegenwart bezeichnen, daß die jetzigen Staatsvertreter immer mehr und mehr dazu neigen, in der Praxis das Subsidiaritätsprinzip auszuhöhlen, das prinzipiell an vielen Stellen im Grundgesetz verankert ist. Vor allem drückt es sich in der föderalen Struktur[42] des deutschen Gemeinwesens aus, das Bundesländer mit eigener Kompetenz und eine kommunale Selbstverwaltung kennt.[43]

---

[41] Weitere Stellen aus der Antike zu diesem Gedankengang findet man in folgendem Kommentar: The Annals of Tacitus, Book 3, Edited with a Commentary by A. J. Woodman und R. H. Martin, Cambridge 1996, 255.

[42] Ein föderativer Staatsaufbau *kann* ein Kind eines falschen Individualismus und Provinzialismus auf den Grundlagen Calvinschen Denkens sein. So schrieb Claude Polin: „S'il est, comme je l'ai dit, dans la nature du calvinisme de porter attention aux affaires locales avant tout, et donc de donner naissance à des communités essentiellement indépendantes les unes des autres, le **fédéralisme** est à bien des égards un produit typique du calvinisme » (La politique selon Calvin, Fideliter 183/2008, 70). Wenn aber das Gesamtwohl der höheren politischen Einheit im Rahmen des Subsidiaritäts – und Solidaritätsprinzips beachtet wird, können föderale Strukturen sehr wohl auch ein legitimes Kind der katholischen Soziallehre sein. Dem deutschen Staat sind sie allemal aufgrund seiner historischen Vergangenheit geradezu auf den Leib geschnitten, sofern einem falschen Regionalismus dabei gewehrt wird. Hierin unterscheiden wir uns vom Zentralstaatsmodell Frankreichs, das seine mittelalterlichen Wurzeln in einem unterschiedlichen Lehensystem hat. Zu dieser Frage ist - bei aller Zeitgebundenheit - noch immer grundlegend das Standardwerk von Heinrich Mitteis, Lehnrecht und Staatsgewalt – Untersuchungen zur mittelalterlichen Verfassungsgeschichte, Weimar 1933, Nachdr. Darmstadt 1974. Die Geschichte der deutschen Territorialstaaten, die damals allerdings bekanntlich zu einer unerträglichen Zersplitterung des Reiches und einer oft lähmenden Schwächung der Zentralgewalt des Kaisers geführt hatte, findet man knapp und übersichtlich dokumentiert in: Gerhard Köbler, Historisches Lexikon der deutschen Länder – Die deutschen Territorien und reichsunmittelbaren Geschlechter vom Mittelalter bis zur Gegenwart, 1. Aufl. München 1988, 6., vollständig überarbeitete Auflage Aufl. Darmstadt 1999.

[43] Die entscheidenden Impulse empfing die föderale Idee bei der Gründung der Bundesrepublik Deutschland wohl nicht ganz zufällig mehr aus dem katholischen Süden

Nur einige Artikel des GG seien genannt, die vom Prinzip der Subsidiarität geprägt sind: Art. 28, 30, 50, 70, 72, 83-85. Anton Rauscher hat völlig recht, wenn er sagt, daß „ein föderativer Aufbau... eher dem Anliegen der Subsidiarität als ein zentralistischer" entspricht.[44]

Leider wird mittlerweile alles Mögliche zentral durch deutsche Behörden bzw. vor allem durch europäische Institutionen bis ins Detail vorgeschrieben oder verboten. Das Bundesjustizministerium hat für die Jahre 1998 bis 2004 die Zahl der Rechtsakte der BR Deutschland und die Zahl der Rechtsakte der Europäischen Union gegenüber gestellt. Ergebnis: 84 % stammten aus Brüssel, nur 16 % originär aus Berlin. Darauf wiesen Roman Herzog, der ehemalige Bundespräsident, und Lüder Gerken, Direktor des Centrums für Europäische Politik, in einem brisanten Artikel zur EU-Verfassung hin (Welt am Sonntag vom 14. Januar 2007). Martin Hohmann MdB hatte zuvor in seiner Rede vor dem Deutschen Bundestag am 12. Mai 2005 zur EU-Verfassung neben dem Fehlen eines klaren Gottesbezugs im Vertragswerk sowie mangelnder Legitimierung durch das Volk die zu geringe Beachtung des Subsidiaritätsprinzips kritisiert.[45] Denselben Verstoß hiergegen, und zwar eben durch zu starke, sachwidrige Zentralisierung bedingt, diagnostizierten auch Herzog und Gerken in der EU-Verfassung; darüber hinaus tadelten sie den Mangel an Demokratie und Gewaltenteilung. Wörtlich schrieben sie: „Es stellt sich daher die Frage, ob man die Bundesrepublik Deutschland überhaupt noch uneingeschränkt als eine parlamentarische Demokratie bezeichnen kann."[46] Muß man sich angesichts der überbordenden europäischen Bürokratie und einer mangelhaften demokratischen Legitimierung wundern, wenn bei einer Umfrage der BILD-Zeitung unter 390.694 Lesern des Blattes sich 96,9 % gegen die EU-Verfassung aussprachen (BILD vom 4. Juni 2005. S. 1)? Selbst wenn man die Struktur der Leserschaft des Boulevard-Blattes berücksichtigt und einkalkuliert, daß sich naturgemäß wohl mehr Gegner als Befürworter überhaupt an der Befragung beteiligt hatten (wer zufrieden

---

und Westen als aus dem protestantischen Norden. Darauf machte der CDU-Politiker Bernhard Vogel aufmerksam: Föderalismus in Deutschland und Europa, in: Zeitschrift zur politischen Bildung und Information 4/1990, 95-103, hier 99. Dieses Heft enthält, nebenbei bemerkt, auf den Seiten 104 bis 111 eine „kleine annotierte Bibliographie" zum Föderalismus in Deutschland.

[44] Art. Subsidiarität, Staatslexikon, 7. Aufl., Bd. 5/1995, 388

[45] Der Text der Rede liegt mir im Originalwortlaut vor.

[46] Daß sich derartige Stellungnahmen nicht prinzipiell gegen die Idee eines vereinigten Europas oder zumindest einer engen Kooperation europäischer Staaten richten muß, versteht sich von selbst: Es geht weniger um das „ob" als um das „wie".

ist, schweigt oft), ist dies doch ein erschreckendes Ergebnis. Aber im Unterschied beispielsweise zu Frankreich, den Niederlanden und Irland[47] hat ja – trotz Art. 20 Abs. 2 GG, wo auch von (Volks-)Abstimmungen die Rede ist[48] - das deutsche Volk in solchen Fragen nichts mitzureden,

---

[47] Soeben hat das irische Volk mit 53,4 Prozent den Vertrag von Lissabon abgelehnt. Entgegen dem, was in solchen Fällen immer wieder kolportiert wird, ist dies nicht automatisch eine Entscheidung gegen die Europa-Idee, sondern gegen die Form, wie sie sich in der EU etabliert hat. Neben einer Reihe anderer Aspekte spielte für das „Nein" der Iren offenbar die (berechtigte!) Angst vor der Aufgabe der militärischen Neutralität, der Aufweichung des Abtreibungsverbotes oder der Einführung der „Homo-Ehe" eine Rolle (Nach dem Nein aus Dublin: Was soll nun aus der Europäischen Union werden? FAZ vom 16. Juni 2008, S. 2; Daniel Cohn-Bendit in: DER SPIEGEL 25/2008, 117). Der mehrfach erhobene Vorwurf an die Iren, sie erwiesen sich gegenüber den erwiesenen Wohltaten als undankbar, kann man nur als Unverschämtheit bezeichnen. Alle vorgeschlagenen Lösungen, Irland auszuschließen oder zumindest Sanktionen gegen das Land zu verhängen, die Iren noch einmal in naher Zukunft abstimmen zu lassen, ein Europa der zwei Geschwindigkeiten zu fördern oder gar eine ganz neue EU zu gründen, sind entweder juristisch oder politisch ausgeschlossen, zumindest aber kaum durchsetzbar, wenn man nicht den Rest an demokratischer Glaubwürdigkeit verspielen will. Es müßte eigentlich den Verantwortlichen mittlerweile klar geworden sein, daß große Teile der Menschen in Europa, die doch untereinander oft gute Beziehungen unterhalten und in der Mehrzahl durchaus nicht isolationistisch-nationalistisch eingestellt sind, den bürokratischen Moloch EU in dieser Form gründlich satt haben! In vielen anderen Ländern, und zwar ganz besonders auch in Deutschland, fiele eine Volksabstimmung ähnlich oder sogar noch klarer aus. Aber man wird wahrscheinlich irgendwie weitermachen und eher noch die Volksrechte beschneiden, damit sich solche „Pannen" nicht wiederholen.

[48] Auf der Ebene der Kommunen und Länder gibt es teilweise das politische Instrumentarium von Volksbegehren und Volksentscheid. Auf Bundesebene wurde der Auftrag des Grundgesetzes nie befriedigend umgesetzt. Man sah ihn gelegentlich durch den Art. 29 GG ausreichend verwirklicht, der für eine territoriale Neugliederung des Bundesgebietes ein Referendum vorschreibt; diese Erklärung scheint mir aber dem Sachverhalt nicht ganz gerecht zu werden. Noch weniger kann denjenigen, der die Geschichte der Weimarer Republik kennt, das Argument überzeugen, man habe damals mit Plebisziten viel Mißbrauch getrieben. Ähnliches sei auch heute zu befürchten; gebetsmühlenartig wird dann eine angebliche Wiedereinführung der Todesstrafe argumentativ bemüht. Deshalb verzichte man gesamtstaatlich lieber auf dieses politische Mittel. Wenn es zu problematischen Entscheidungen des Volkes in der deutschen Republik zwischen 1918 und 1933 gekommen ist, dann betrafen diese nur die Wahl des Reichspräsidenten: 1925 und 1932 kam der greise Hindenburg auf diese Weise ins Amt, der politisch wahrlich nicht immer geschickt agierte. Von einer Wahl des Bundespräsidenten durch das Volk ist aber nicht die Rede, abgesehen davon, daß ihr keine so große Bedeutung zukäme wie in den Tagen von Weimar, da der Amtsinhaber über wesentlich weniger politische Macht verfügt als sein damaliger Vorgänger. Echte

obgleich ein solches Recht das Gefühl immer stärker werdender Ohnmacht wenigstens etwas kompensieren könnte.[49] Immerhin scheint bei bleibenden massiven Defiziten der Europäischen Union in dem neuen Vertragswerk von Lissabon das Recht des von der europäischen Bevölkerung direkt gewählten Parlamentes etwas verbessert worden zu sein. Außerdem wird den Mitgliedstaaten, und zwar sowohl auf nationaler als auch auf Landes- oder Kommunalebene, ein gewisses Recht eingeräumt, innerhalb einer festgesetzten Frist EU-Gesetze zurückzuweisen. Für einen solchen Fall müßte dokumentiert werden, daß zu tief in die Eigenverantwortlichkeit der EU-Länder eingegriffen und damit das im Grundsatz akzeptierte Subsidiaritätsprinzip verletzt worden ist.[50]

Durch den überall präsenten Bürokratismus und die Vernachlässigung des Subsidiaritätsprinzips drohen viele vernünftige Aktivitäten des Individuums oder kleinerer Gruppen wie der Familie in Überregulierung und Bürokratie zu ersticken, die Freude am Gemeinwesen und an der Politik geht immer mehr verloren, totalitäre Strukturen drohen, wenn es so weitergeht. Um es mit einem leicht überspitzten Aphorismus des „reaktionären" Kulturkritikers Nicolás Gómez Dávila zu sagen: „Die gegenwärtige demokratische Alternative: bedrückende Bürokratie oder widerliche

---

Volksentscheide gab es in der gesamten Zeit von 1918 bis 1933 nur zwei, und sie gingen beide vernünftig aus: Die Versuche von radikalen Linken, im Jahre 1926 die entschädigungslose Enteignung der Fürsten durchzusetzen, mißlang ebenso gründlich wie der Versuch der Rechten, im Jahre 1929 die Befürworter des Young-Plans in die Verräterecke zu stellen (siehe z.B. Eberhard Kolb, Die Weimarer Republik, Oldenbourg – Grundriß der Geschichte, 82 f., 115 f.). Liegen hier also nicht nur Schutzbehauptungen vor, mit denen die Politiker sich gegen jede noch so geringe Beschränkung ihrer Macht durch das Volk zur Wehr setzen wollen? Und dabei führen diese doch bei allen passenden oder unpassenden Gelegenheiten den Wert der „Demokratie" (= „Volksherrschaft") im Mund!

[49] Da plebiszitäre Elemente auch mißbraucht werden können, müßten natürlich entsprechende Sicherungen, wie z. B. ein recht hohes Quorum oder auch eine Beschränkung auf bestimmte Entscheidungen, eingebaut werden. Fragen des Naturrechts bzw. der von Gott gegebenen Ordnung dürften gar nicht dem Volk zur Abstimmung unterbreitet werden.

[50] Siehe die Berichte im „General-Anzeiger" vom 25 April 2008, S. 4, unter der Überschrift „Einfachere Entscheidungen, weniger Kommissare – EU: Neuer Vertrag bringt mehr Rechte für das Parlament und die Bürger" und in der FAZ vom 14. Juni 2008, S. 2, unter der Überschrift „Was sich ändern sollte".

Plutokratie ist dabei, sich aufzuheben. Um zu einem einzigen Terminus zu verschmelzen: opulente Bürokratie. Widerlich und bedrückend in einem.“[51]

Hier beginnt sich allmählich in erschreckender Weise der überbordende, das Gemeinwohl vernachlässigende Egoismus weiter Teile unserer Gesellschaft zu rächen. Es bestätigt sich so der Grundsatz, den Walter Hoeres soeben noch einmal in allgemeiner Form auf den Punkt gebracht hat. Der katholische Gelehrte war dabei von jenem falschen Individualismus[52] bei Thomas Hobbes ausgegangen, der die soziale Bindung des Menschen in ihrer Wesenhaftigkeit unterschätzt hatte und daher zu Vertragstheorien als Grundlage des Staates Zuflucht nahm. Hoeres schrieb: „Man braucht nicht Hegel zu studieren, um zu wissen, daß der schrankenlose Individualismus, der das Recht des Individuums verabsolutiert, mit Notwendigkeit in die Diktatur umschlägt, in der Staat und Kollektiv alles sind und der Einzelne nichts! Dafür bietet die Geschichte der Neuzeit eine ununterbrochene Fülle von Beispielen.“[53]

Wird es im „christlichen Abendland“ bald überall ein Adoptionsrecht für gleichgeschlechtliche Paare geben?

Ein besonders drastisches und erschütterndes Beispiel aus jüngster Zeit möge das Gesagte veranschaulichen: In Deutschland gibt es wenigstens noch kein jeder natürlichen Ordnung widersprechendes Adoptionsrecht für gleichgeschlechtliche Partnerschaften. Der Europäische Gerichtshof für Menschenrechte mit Sitz in Straßburg (der allerdings keine Institution der EU, sondern des Europarates ist, was die Sache im konkreten Fall aber nicht besser macht) hat hingegen im Februar 2008 diesen ein solches

[51] Nicolás Gómez Dávila, Einsamkeiten. Glossen und Text in einem, Wien (Karolinger Verlag) 1987, 123. Ich danke Herrn Harald Franz, der mir nach Abschluß seines philologischen Studiums an der Universität Bonn dieses geistreiche Buch geschenkt hat.

[52] Dieser anthropologische Irrtum wirkt sich, nebenbei bemerkt, auch katastrophal auf das katholische Dogma aus: Wenn das Menschenbild radikal individualistisch geprägt ist, dann gibt es keinen Platz mehr für ein stellvertretendes Leiden Jesu Christi zugunsten der ganzen Menschheit – vom Unverständnis für eine Verletzung Gottes durch die menschliche Sünde einmal ganz abgesehen, das sich daraus ergibt, daß das Gottesbild verblaßt ist und sich in gewissem Maße an den Deismus angenähert hat. Auf diese und weitere wichtige Gesichtspunkte, die dem modernen Christen den Blick auf die Liturgie als das wahre Opfer der Kirche verstellen, hat der jetzige Papst vor einigen Jahren überzeugend hingewiesen (Joseph Cardinal Ratzinger, Theologie der Liturgie, Forum Kath. Theol. 18/2002, 1-13, v. a. 7).

[53] Walter Hoeres, Heimatlose Vernunft, 199.

„Menschenrecht“ (!) zugesprochen, da niemand wegen seiner sexuellen Orientierung diskriminiert werden dürfe.[54] Jürgen Liminski berichtete in seinem Artikel „Adoptionsrecht für Gleichgeschlechtliche?“ über diese Ungeheuerlichkeit (Die Tagespost vom 14. Februar 2008, S. 9.) Damit ist also auch auf die Gesetzgebung unseres Staates ein massiver Druck ausgeübt. Und fast zeitgleich drängte die Europäische Kommission, vertreten durch den aus Tschechien stammenden Kommissar Vladimir Spidla, Länder wie Deutschland, ihre einschlägige Gesetzgebung zu ändern. Denn bei Ehe und Lebenspartnerschaft handele es sich „nicht um unterschiedliche Familienstände“. Demgegenüber hielt einige Zeit später mit Blick auf die neue europäische Rechtslage Johannes Schwarte noch einmal fest, daß es zur klassischen Familie gerade aufgrund anthropologischer und humanwissenschaftlicher Erkenntnisse keine Alternative gebe und daß die europäischen Institutionen mehr und mehr von der absurden Gender-Ideologie[55] durchdrungen würden (Warum Familie unersetzbar ist. DT vom 1. April 2008, S. 9). Erfreulicherweise hatte der CDU/CSU-Europaabgeordnete Werner Langen sofort auf die Stellungnahme des Tschechen reagiert und ihm vorgeworfen, er überschreite eindeutig seine Kompetenzen, und diagnostizierte hier zu Recht eine „Verletzung des Subsidiaritätsprinzip“ (Neue Angriffe auf die Ehe, in: Die Tagespost vom 16. Februar 2008, S. 1) Gilt dieses so wichtige

[54] Zur ganzen Problematik aus katholischer Sicht siehe jetzt Peter Mettler, Die Berufung zum Amt im Konfliktfeld von Eignung und Neigung. Eine Studie aus pastoraltheologischer und kirchenrechtlicher Perspektive, ob Homosexualität ein objektives Weihehindernis ist. Peter Lang – Internationaler Verlag der Wissenschaften, Frankfurt 2008. Das Buch informiert sehr weitreichend, u. a. auch über medizinische Fragen, die mit der Homosexualität zusammenhängen. Wichtig sind außerdem die beiden folgenden, schon etwas älteren Werke: A. Laun (Hg.), Homosexualität aus katholischer Sicht, [2]Eichstätt 2001; aus (seriös) protestantischer Perspektive: M. Aust/H.-Chr. Gensichen/Th. S. Hoffmann (Hg.), Christlicher Glaube und Homosexualität: Argumente aus Bibel, Theologie und Seelsorge, Neuhausen-Stuttgart 1994. Für die alt – und neutestamentliche Lehre wichtig ist: Alexander Desečar, Die Bibel und die Homosexualität – Kritik der revisionistischen Exegese, Schriften des Initiativkreises katholischer Laien und Priester der Diözese Augsburg, Heft 43, Augsburg 2002.

[55] Die hierzu erschienenen Bücher und Aufsätze sind mittlerweile Legion. Widerstand regt sich nur wenig. Eines der engagiertesten Bücher aus katholischer Perspektive hat Gabriele Kuby verfaßt: Die Gender Revolution- Relativismus in Aktion, Kisslegg 2006. Wichtige Informationen aus konservativ-protestantischer Sicht bietet das Tehmenheft „Schöpfungsordnung und Gender-Ideologie“ der Reihe „Diakrisis“ (29,2/2008).

Prinzip aber überhaupt noch für die EU und die in ihr vereinten Staaten? Man könnte jedenfalls eine große Zahl anderer Beispiele aus den letzten Jahren bis hin zur Aushebelung unseres Grundgesetzes anführen, die daran zweifeln lassen.

Am Fall Rocco Buttigliones, dessen politische Europakarriere scheiterte, weil er in Ehe – und Familienfragen christliche Positionen vertrat, hat jüngst der evangelische Theologe Wolfhart Pannenberg noch einmal den immensen Verfall unserer Verfassungsnormen klargemacht: „Man sieht, wie weit fortgeschritten der Prozeß der Ablösung von den christlichen Wurzeln der europäischen Kultur inzwischen ist. Das zeigt sich nicht zuletzt auch an Änderungen von Rechtsnormen im Bereich von Ehe und Familie, obwohl Ehe und Familie nach Art. 6,1 des deutschen Grundgesetzes ‚unter dem besonderen Schutz der staatlichen Ordnung' stehen oder stehen sollten. Die auf die monogame Ehe begründete Gestalt der Familie ist das Produkt einer durch das Christentum bestimmten kulturellen Entwicklung gewesen, und die Tendenz zur Auflösung dieser institutionellen Ordnung durch rechtliche Gleichstellung der Ehe mit anderen Formen partnerschaftlichen Zusammenlebens richtet sich gegen eine der wichtigsten Kulturwirkungen des Christentums."[56]

Menschenrecht auf Abtreibung?

Ein weiterer perverser Fall europäischer Einmischung in die nationale Gesetzgebung und damit eine gravierende Verletzung des Subsidiaritätsprinzips ist kürzlich noch hinzugekommen. Die Parlamentarische Versammlung des Europarates beschloß am 16. April 2008 in Straßburg ein Recht jeder Frau auf freien Zugang zur Abtreibung. 106 der 189 anwesenden Parlamentarier stimmten für einen entsprechenden Antrag der österreichischen Sozialdemokratin Gisela Wurm, mit dem die Tötung des ungeborenen Kindes während der gesamten Zeit der Schwangerschaft legalisiert werden soll. Wo dies in den 47 Mitgliedstaaten bisher noch nicht der Fall sei, müßten die Gesetze dementsprechend geändert werden.[57] Das beträfe dann also auch die Bundes-

[56] Wolfhart Pannenberg, Neutralität des Staates gegenüber der Religion? In: Tamen! Gegen den Strom. Günther Rohrmoser zum 80. Geburtstag, hg. von Philipp Jenniger, Rolf W. Peter und Harald Seubert, Stuttgart 2007, 386. Ich danke Herrn Klaus Weber aus Düsseldorf für das Geschenk dieser wichtigen Festschrift.

[57] Siehe die Berichte „Vatikan kritisiert Europarat – Abtreibungs-Resolution in Widerspruch zu Menschenrechten", DT vom 29. April 2008, S. 4, und „Europarat für Recht auf Abtreibung", PUR-Magazin 5/2008, S. 8.

republik Deutschland, wo im Bundesverfassungsgerichtsurteil von 1993 – trotz seiner dann inkonsequenten Anordnungen – die Abtreibung als rechtswidrig ausgewiesen worden ist, was heute noch gilt.[58]

Was sagt das Grundgesetz zur „Lufthoheit über den Kinderbetten"?

Aus meinem umfangreichen Zeitungsarchiv, das ich eigens zum Problemfeld der Bevormundung durch nationale und supranationale Behörden sowie willkürlicher Einschränkungen berechtigter individueller Freiheit durch die Bürokratie seit langem angelegt habe, sei hier ferner noch auf die Forderung des ehemaligen Generalsekretärs der SPD und jetzigen Bundessozialministers Olaf Scholz nach staatlicher „Lufthoheit über den Kinderbetten" und deren geistigen Hintergrund hingewiesen.[59] Ein solches Konzept verstößt klar gegen das Naturrecht, wie es in den Artikel 6 Abs. 2 des Grundgesetzes der BR Deutschland eingegangen ist: „Pflege und Erziehung der Kinder sind das natürliche Recht der Eltern und die zuvörderst ihnen obliegende Pflicht." Hier wird also deutlich im Grundgesetz gerade das Naturrecht[60] bemüht.

---

[58] Der Bonner Ordinarius für Öffentliches Recht, Christian Hillgruber, hat letzteres Faktum zu Recht in einem spannenden Streitgespräch mit dem Hamburger Ordinarius für Strafrecht und Rechtsphilosophie, Reinhard Merkel, auf der Tagung der „Juristen-Vereinigung Lebensrecht" am 2. Mai 2008 in Köln betont. Hillgrubers Vortrag wird im nächsten Heft der „Zeitschrift für Lebensrecht" (17,2/2008) abgedruckt werden.

[59] Siehe hierzu auch den lesenswerten Artikel von P. Andreas Mählmann, Der Griff nach unseren Kindern, Kirchliche Umschau 5,12/2002, 5 f.

[60] Naturrechtliches Denken geht davon aus, daß bestimmte Grundsätze allen Menschen oder jedenfalls ihrer nicht verdorbenen Mehrheit einsichtig sind, was nicht heißt, daß sie automatisch schon dem Kleinkind vertraut wären; vielmehr müssen auch sie durch die Erzieher, d. h. natürlicherweise die Eltern, eingeübt werden. Selbst ein ganz dem modernen Denken verpflichtetes naturwissenschaftliches Werk wie „Das Gehirn" von Hans Günter Gassen muß zugeben: „So ergibt sich der vielleicht erstaunliche Befund, dass Menschen aus den unterschiedlichsten Kulturkreisen sich ähnlichen Tugenden verpflichtet fühlen." (Darmstadt 2008, 145). Eine kurze Zusammenfassung wichtiger Aspekte naturrechtlicher Argumentation findet man jetzt in zwei Aufsätzen des ersten Heftes der Zeitschrift „Civitas": Rafael Hüntelmann, Das Naturrecht, Civitas 1/2007, 5-14; Horst Seidl, Das Naturrecht als Prinzip des positiven Rechts, ebd. 15-29. Der Altphilologe Jürgen Blänsdorf machte mit Recht darauf aufmerksam, daß es insbesondere die katholische Naturrechtslehre war, die einen wichtigen Beitrag zur verfassungsmäßigen Neuorientierung nach der Katastrophe der nationalsozialistischen Herrschaft in Deutschland geleistet hat (Das Naturrecht in der Verfassung - Von Ciceros Staatstheorie zum modernen Naturrechtsdenken, in: Lateinische Literatur, heute wirkend, hg. von H.-J. Glücklich, Bd. II, Göttingen 1987, 38). Daß der naturrechtliche Denkansatz auch für unsere Gesellschaft unaufgebbar ist, hat noch in jüngerer Zeit Maximilian

In ähnlicher Weise berufen sich die Verfassungsväter in Art. 2 Abs. 1 auf das „Sittengesetz“ als – neben der verfassungsmäßigen Ordnung – einer Grenze individueller Entfaltung der Persönlichkeit. Auch dies ist zweifellos eine über dem positiven Recht stehende Größe, die sich nur auf naturrechtliche Vorgabe beziehen kann. Horst Seidl hat „Sittengesetz“ und „Naturrecht“ sauber unterschieden: „Das Naturrecht ist identisch mit dem natürlichen Sittengesetz – nämlich das Gute zu tun und das Böse zu meiden -, nur mit dem Unterschied, dass dieses Gesetz weiter ist; denn es umfasst das menschliche Leben im ganzen, mit dem letzten Zweck der menschlichen Vollkommenheit, während das Naturrecht den Bereich des Sozialen-Politischen betrifft und auf das hier zu verwirklichende Gemeinwohl bezogen ist. Entsprechend unterscheidet Aristoteles auch zwischen dem guten Menschen und dem guten Bürger (Pol. I-II).“[61] Wenn man nun einen solchen hehren Anspruch der Verfassung wie den in Art. 2 Abs. 1 formulierten mit der heutigen politischen Wirklichkeit vergleicht, könnte man meinen, in einem anderen Staat als dem des Grundgesetzes zu leben! Aber wie sollte es auch anders sein, wenn alle Normen immer mehr aufgeweicht werden und der radikale Subjektivismus und Relativismus in weiteste Kreise der Gesellschaft Einzug gehalten haben?[62]

Forschner, Lehrstuhlinhaber für Philosophie an der Universität Nürnberg-Erlangen, in einem Aufsatz begründet (Koinos nomos - lex naturalis. Stoisches und christliches Naturgesetz, in: Über das Handeln im Einklang mit der Natur - Grundlagen ethischer Verständigung, Darmstadt 1998, 5-30, v. a. 25 u. 29). Für die Frage der Erkennbarkeit des Naturrechts ist wichtig: Josef Seifert (Hrsg.), Wie erkennt man Naturrecht? Mit Beiträgen von Rocco Buttiglione, Franz Bydlinski, Theo Mayer-Maly, Josef Seifert und Wolfgang Waldstein, Heidelberg 1998. Allgemein zum Naturrecht ist noch heute aus katholischer Perspektive grundlegend das oben schon erwähnte Buch „Das Naturrecht – Handbuch der Gesellschaftsethik, Staatsethik und Wirtschaftsethik“ von Johannes Messner. Aus protestantischer Sicht muß man hinzunehmen das Standardwerk „Geschichte des Naturrechtes“ des gelehrten Pfarrers, Schülers von Karl Barth und Bultmann-Kritikers Felix Flückiger, von dem allerdings, soweit mir bekannt, nur der 1. Band zum Altertum und Frühmittelalter erschienen ist (Zollikon-Zürich 1954).

[61] Horst Seidl, Das Naturrecht als Prinzip des positiven Rechts, in: Civitas 1/2007, 22 f.

[62] „Die gesamte moderne Philosophie lässt sich gleichermaßen auffassen als eine große Bewegung der Verabschiedung von unverbrüchlichen Wahrheiten und unbefragbaren Vorbedingungen, die die Erkenntnisleistung des Subjektes rahmen. Kein Gott, keine Natur, kein geschichtlicher Weltgeist, keine wissenschaftliche Rationalität, kein Selbstbewusstsein individueller Reflexion kann nun noch eine erkenntnisleitende Großidee sein.“ (Dietmar Gensicke, Luhmann, Grundwissen Philosophie, Reclam, Stuttgart 2008, 19) Es bleibt also absolut nichts mehr Verbindliches übrig. Selbst das Subjekt löst sich letztlich noch auf (siehe Joseph Jurt, Bourdieu, Grundwissen Philo-

Der sich an den oben aus Art. 6 Abs. 2 zitierten Gedanken unmittelbar anschließende Satz nimmt allerdings eine gewisse Einschränkung des Naturrechts der Eltern auf die Erziehung ihrer Kinder vor: „Über ihre Betätigung wacht die staatliche Gemeinschaft." Nicht ganz zu Unrecht wandten sowohl führende Katholiken als auch einige Protestanten bei der Diskussion um das Grundgesetz vor dessen Verabschiedung ein, hier sei dem Staat zumindest verbal zu viel Recht eingeräumt worden; denn ihm komme der Familie gegenüber nur eine Aufgabe im Rahmen des Subsidiaritätsprinzips zu.[63] Besonders heftig war, gerade von katholischer Seite, die Anerkennung des Elternrechts bezüglich des religiösen und weltanschaulichen Charakters der Schule gefordert worden. Die Kirche konnte sich hier aber nicht voll durchsetzen.[64] Immerhin ist der Religionsunterricht an den öffentlichen Schulen mit Ausnahme der bekenntnisfreien Schulen laut Art. 7, 3 GG ordentliches Lehrfach, und Art. 7,4 GG gewährleistet das Recht auf Errichtung von Privatschulen, also auch solchen in kirchlicher Trägerschaft. Dies betrifft sogar den Bereich der „Volksschulen", wenn nicht bereits eine entsprechende Bekenntnis – oder Weltanschauungsschule derselben Art in öffentlicher Trägerschaft vor Ort existiert (Art. 7, 5 GG).

Leider fanden Scholz und seine vielen Gesinnungsgenossen auch innerhalb der CDU, und zwar speziell in der Person der Ministerin Ursula von der Leyen, in gewisser Hinsicht Mitstreiter. Fordert diese doch, flächendeckend Kindertagesstätten einzurichten, ohne daß die ihre Kinder

---

sophie, Reclam, Stuttgart 2008, 17 f., mit Berufung auf Michel Foucault). Das geht offenbar selbst einem modernen Philosophen wie Jürgen Habermas zu weit. In seinem berühmt gewordenen Streit mit Luhmann warf er diesem vor, er nehme der Gesellschaft die Möglichkeit, „normativ Abstand zu sich selbst [zu] gewinnen und auf Krisenwahrnehmungen [zu] reagieren." Habermas folgert: „Wenn aber moderne Gesellschaften gar nicht die Möglichkeit haben, eine vernünftige Identität auszubilden, fehlt jeder Bezugspunkt für eine Kritik an der Moderne." Luhmanns Denkfiguren seien, so der Philosoph der Frankfurter Schule, ein „methodischer Antihumanismus". (Zitat nach: Gensicke, Luhmann, 23) Aber wir müssen dann auch an Habermas die Frage stellen, woher er denn die Normen für den „normativen Abstand zu sich selbst" für die moderne Gesellschaft nehmen will! Etwa aus seiner Diskursethik? Vielleicht sollte er noch intensiver mit Papst Benedikt XVI. in den wissenschaftlichen Dialog eintreten, um Besseres zu finden!

[63] Zur Diskussion siehe meinen Aufsatz „Die Bindung unserer Verfassung an Gott" in: Verf., „Die Liebe Christi drängt uns" – Aufsätze zur Kirchenkrise und zu ihrer Überwindung, 2. Aufl. Ruppichteroth 2005, 279 f.

[64] Siehe Klaus Gotto, Die katholische Kirche und die Entstehung des Grundgesetzes, in: Anton Rauscher (Hrsg.), Kirche und Katholizismus 1945-1949, München-Paderborn-Wien 1977, 101-108.

selbst erziehenden Familien ausreichend finanziell unterstützt würden. Damit man mich nicht mißversteht: In der heutigen Lage wird ein gewisses Maß solcher Krippenplätze wohl (leider, so füge ich an!) vorhanden sein müssen, da sonst manches Ungeborene möglicherweise getötet würde und manche Frauen gerade aus der oberen Mittelschicht überhaupt nur durch die Möglichkeit einer Fremdbetreuung zur Zeugung von Nachwuchs zu bewegen sind. Wo solche Einrichtungen überhaupt nicht existieren sollten, sind Neubauten in einem begrenzten Umfang u. U. angebracht. Was ich jedoch eindeutig bemängele, ist die staatliche Bevormundung.[65] Hier liegt ein krasses Vergehen gegen das Subsidiaritätsprinzip vor: Eltern werden fremdbestimmt, statt ihnen so zu helfen, daß sie den von ihnen gewählten Weg der Kindererziehung gehen können.[66] Eine „Hilfe zur Selbsthilfe" müßte für Bezieher geringerer Einkommen durch das alte Erziehungsgeld (nicht das neue, bevormundende und sozial ungerechte Elterngeld!) und für Besserverdienende durch ein Familiensplitting gewährleistet werden, das das bisherige Ehegattensplitting allerdings keineswegs aufhebt, sondern es nur ergänzt.

Unter der Großen Koalition befürwortet man hingegen eine Politik, von der eigentlich klar sein müßte, wem sie vor allem nützt. Christa Müller, Frau von Oskar Lafontaine, hat völlig recht, daß „durch die Schaffung eines Überangebots an Krippenplätzen Hunderttausende von Müttern kleiner Kinder dem Arbeitsmarkt zugeführt werden sollen".[67] 69,

---

[65] Siehe Martin Lohmann, Etikettenschwindel Familienpolitik. Ein Zwischenruf für mehr Bürgerfreiheit und das Ende der Bevormundung, Gütersloh 2008.

[66] Das Selbstbestimmungsrecht umfaßt, wenn die Eltern es wollen und die notwendigen Lehrkräfte bzw. Lernprogramme bereitstellen können, auch das sog. „Homeschooling". Auf diese Möglichkeit, der Schulpflicht zu genügen, die bisher meist von deutschen Behörden versagt worden ist, hat zu Recht der Bonner Pädagogikprofessor Volker Ladenthin am 22. Januar 2008 im „Tagesspiegel" hingewiesen (siehe das Interview mit Hubert Busekros, einem betroffenen Vater, in: Aufbruch, Juni 2008, S. 3). Allerdings ist es natürlich Recht und Pflicht staatlicher Behörden, die Qualität eines solchen Unterrichts zu überwachen, was schon mit Blick auf bestimmte politische und religiöse Gruppierungen radikaler Ausrichtung unabdingbar erscheint.

[67] Christa Müller, Dein Kind will dich. Echte Wahlfreiheit durch Erziehungsgehalt, Augsburg 2007. Zitat nach der Besprechung des Buches in: Stefan Rehder, Bürgerliche Werte. Gibt Anregungen und enthält Fehler: Christa Müllers Familienbuch, Die Tagespost vom 2. Februar 2008, S. 12. Der Untertitel der Rezension deutet schon an, daß dem Buch durchaus nicht in allem, besonders wenn man es vom katholischen Standpunkt aus betrachtet, zugestimmt werden kann. Zur Position Christa Müllers siehe auch das Interview mit ihr und Ministerin Ursula von der Leyen unter der Überschrift „Familie macht glücklich" in: DER SPIEGEL 31/2007, 26-30. Jedenfalls ver-

2 % aller deutschen Frauen würden sich hingegen für eine Betreuung der Kinder zu Hause entscheiden, wenn sie entsprechend finanziell unterstützt würden.[68] Aber im Unterschied zum Beginn der 60-er Jahre, wo in einer Familie 48 Stunden pro Woche Erwerbstätigkeit die Regel war, die damals meist durch den Mann geleistet wurden, sind dies mittlerweile etwa 70 Wochenstunden für Mann und Frau zusammen, um den nötigen (oder wohl manchmal auch nur für nötig erachteten) Lebensstandard zu erwirtschaften.[69] Einen solchen Zustand hatte schon Papst Pius XI. ausdrücklich und mit scharfen Worten in seiner Sozialenzyklika „Quadragesimo anno" verurteilt: „Pessimus vero est abusus et omni conatu auferendus, quod matresfamilias ob patris salarii tenuitatem extra domesticos parietes quaestuosam artem exercere coguntur, curis officiisque peculiaribus ac praesertim infantium institutione neglectis." – „Übelster und mit ganzem Bemühen zu beseitigender Mißbrauch aber ist es, daß die Familienmütter gezwungen werden, wegen der Dürftigkeit der Entlohnung des Vaters außerhalb der häuslichen Wände einen Erwerbsberuf auszuüben und dabei ihre besonderen Aufgaben und Pflichten und vor allem die Erziehung der Kinder zu vernachlässigen." (DH 3735)

Wenn Mütter zur Lohnerwerbstätigkeit durch die sozialen Verhältnisse gezwungen werden, bleibt natürlich erheblich viel weniger Zeit für den Umgang mit den Kindern, und die möchte man anscheinend durch gezielte politische Maßnahmen jetzt noch weiter beschneiden. Derartige familienfeindliche Maßnahmen leitet man in Deutschland in einer Zeit massiv ein, wo auf der anderen Seite gerade Schweden, auf das man sich immer wieder beruft, ab 2008 den Familien 300 Euro zugesteht,

---

tritt die Sozialistin Müller insgesamt betrachtet katholischere Position als die Christdemokratin von der Leyen, so daß man die Vizeparteichefin der Linken, Katina Schubert, klagen hören konnte: „Die Auffassungen von Christa Müller passen zur katholischen Kirche, aber nicht zur Linken." (DER SPIEGEL 34/2007, 32)

[68] Jürgen Liminski, Wenn es Wahlfreiheit gäbe… Ergebnisse einer neuen Studie zeigen es deutlich: Stimmen die Rahmenbedingungen, entscheidet sich die Mehrheit der Frauen gegen die Fremdbetreuung ihres Kindes, Die Tagespost vom 31. März 2007, S. 9.

[69] Dieses Ergebnis kann man einem Informationsheft des Bundesfamilienministeriums zum 7. Familienbericht von 2005 entnehmen. Ich stütze mich bei dieser Angabe auf den Artikel „Familien brauchen mehr Zeit" von Bernhard Huber, in: Die Tagespost vom 12. Februar 2008, S. 10. Zum 7. Familienbericht, der stärker denn je die Familie unter die staatliche Kontrolle bringen und die Berufstätigkeit möglichst aller Frauen fördern wollte, siehe auch Stefan Fuchs, „Kontinuierliche Erwerbstätigkeit" von beiden Eltern statt Wahlfreiheit – Der sozialistische Kampf gegen die Familie wird immer dreister, KOMMA 45/2008, 60-64.

wenn sie die Kinder zu Hause erziehen; bisher gab es staatliche Unterstützung nur für Eltern mit Job.[70]

Die schlimmen Folgen kollektivistischer Erziehungsmodelle

Hier ist dringend auch bei uns ein Umdenken vonnöten. Mutet man heute verbreitet dem menschlichen Nachwuchs nicht etwas zu, was z. B. bei Rassehunden verboten ist, die mit guten Gründen erst nach etlichen Wochen vom Muttertier fortgenommen werden dürfen? Denn welch katastrophale Folgen es mit sich bringen kann (sicherlich nicht immer nach sich ziehen muß), wenn schon dem Kleinstkind die Geborgenheit und Wärme bei der Mutter genommen wird und es in unnatürlichen Großgruppen etwa gleichaltriger Winzlinge mit häufig überfordertem und ständig wechselndem Personal öffentlicher Einrichtungen oft mehr verwahrt als wahrhaft erzogen und gefördert wird, kann kein redlicher Mensch mehr bestreiten.[71] Christa Meves hat hier Gott sei Dank seit Jahrzehnten ihre Stimme immer und immer wieder erhoben und ihre Warnungen mit wissenschaftlich sauber recherchiertem Material abgesichert.[72] Aber mittlerweile läßt sich die Thematik auch in der großen

[70] Jürgen Liminski, Fakten statt Hysterie: Die Krippen-Debatte braucht dringend Sachlichkeit – Geschrei führt nicht weiter – Was hilft, ist zum Beispiel ein nüchterner Blick ins Ausland – Eine Analyse, in: Die Tagespost vom 27. Februar 2007, S. 9

[71] Man halte dieser verbreiteten Lieblosigkeit (als solche stehe ich nicht an das Phänomen zu bezeichnen, es sei denn, es böte sich der Mutter bzw. den Eltern wirklich keine andere Lösung) folgende Meldung des SPIEGEL (19/2008, 146) entgegen: „Rigide Vorschriften im Tierschutz hat sich die Schweiz auferlegt. Ein Meersäuli (Schwyzerdütsch für Meerschweinchen) darf laut neuer Bundesverordnung nicht mehr allein gehalten werden. Wie jedes andere soziale Tier – ob Goldfisch, Wellensittich oder Pferd – hat es künftig mindestens Anspruch auf Zweisamkeit." Damit man mich nicht mißversteht: Ich bin selbst ein Anhänger weitreichenden Tierschutzes und habe mich auch über die Aufnahme des „Schutzes der natürlichen Lebensgrundlagen und der Tiere" ins Grundgesetz gefreut (Art. 20 a). Aber dem Menschenschutz kommt demgegenüber nun einmal nach der Schöpfungsordnung noch ein höherer Rang zu!

[72] Siehe vor allem ihre beiden Bücher „Verführt, manipuliert, pervertiert. Die Gesellschaft in der Falle modischer Irrlehren. Ursachen – Folgen – Auswege", Gräfelfing 2003, und „Geheimnis Gehirn – Warum Kollektiverziehung und andere Unnatürlichkeiten für Kleinkinder schädlich sind", Gräfelfing 2005. Einige erschütternde Beispiele für die Folgen falscher Erziehung findet man auch im Kapitel „Mangelnde Elternbindung und spätere Beziehungslosigkeit" des Buches „Die infantile Gesellschaft – Wie unsere Erziehung ein gesundes Selbstwertgefühl verhindert", das der Pallottinerpater und Psychotherapeut Jörg Müller verfaßt hat (Kiel 2007, 29 – 40). Welche Rolle für die Zukunft eines kleinen Menschen die Mutter – Kind – Beziehung bereits im

Presse nicht mehr verschweigen. So öffnete beispielsweise selbst „DER SPIEGEL“[73] Norbert Bolz, der an der TU Berlin lehrt und das Buch geschrieben hat „Die Helden der Familie“, und dessen Einsichten seine Spalten: „'Ich komme aus dieser Adorno-Schule', sagt Bolz, ‚immer wieder Neo-Marxismus, Neo-Marxismus, Neo-Marxismus.' Erst Anfang der neunziger Jahre habe er seine Angst vor den Konservativen langsam überwunden, er habe etwa Carl Schmitt gelesen und erst damals begonnen, wirklich zu lernen... Wenn Norbert Bolz heute seine Studenten anschaut, ‚dann gucke ich in so viele tote Augen', sagt er, ‚und wenn mich nicht alles täuscht, nehmen sie zu. Das ist der Preis für die Modernität, den wir zahlen.“ Leider kann der Verfasser des vorliegenden Aufsatzes, der ja selbst Hochschullehrer ist, diese Diagnose nur bestätigen![74]

---

vorgeburtlichen Stadium spielt, kann man einem faszinierenden Buch des Hirnforschers Gerald Hüther und der Pränatalpsychologin Inge Krens entnehmen. Der Titel lautet: Das Geheimnis der ersten neun Monate. Unsere frühesten Prägungen (erschienen beim Patmos-Verlag in der 2. Aufl. 2005).

[73] Art. „Der Familienkrach“, in: DER SPIEGEL 9/2007, 57

[74] Zur psychischen und geistigen Situation der heutigen Menschen in Deutschland und Europa, vor allem der Jugend, nur ein paar Schlagzeilen und Meldungen, für deren Richtigkeit ich im einzelnen natürlich keine Garantie übernehmen kann, deren Tendenz aber eindeutig und sicher ist: „Jedes fünfte Kind hat Probleme mit seiner Muttersprache... Kinder sprechen heute schlechter als Kinder vor 30 Jahren“ (General-Anzeiger vom 9./10. Juli 2005, S. 37) – „Wenn Kinder nicht mehr lesen wollen. Bildung: Das Buch soll mehr in den Mittelpunkt rücken“ (General-Anzeiger vom 21. Juni 2004, S. 5) – „Bauch, Beine, Tod: Sie treiben jeden Tag mehr als drei Stunden Sport und zählen penibel alle Kalorien, die sie zu sich nehmen. Diese Menschen kämpfen nicht um Rekorde, sondern gegen den eigenen Körper. Mediziner haben einen Namen für die Sucht: Sportbulimie“ (DER SPIEGEL 36/2006, 132) Umgekehrt gilt für andere Menschen, vor allem junge, das extreme, ebenso ungesunde Gegenteil: „Bewegte Kindheit - Politiker, Mediziner und Lehrer warnen: Deutschlands Nachwuchs wird dicker und träger“ (DER SPIEGEL 40/2004, 174) – „Jeder vierte Österreicher ist psychisch krank“ (Die Wahrheit 73/2007, S. 12) – „Demnach leiden 32 Prozent der Westdeutschen an einer psychischen Störung, im Osten sind es 28 Prozent, zitiert der Dresdner Psychologie-Professor Jürgen Hoyer aus der aktuellen Auswertung der Bundesgesundheitsstudie, für die zwischen 1997 und 1999 mehrere Tausend Probanden befragt wurden.“ (General-Anzeiger vom 25. Juli 2003, S. 27) – „In Deutschland ist jede zweite Familie von Depression betroffen... 'Wir stehen vor einer epidemischen Ausbreitung der depressiven Erkrankungen' meint Hans-Ulrich Wittchen, Professor für Psychologie an der Universität Dresden. Immer häufiger, immer früher entwickelten Menschen dieses Krankheitsbild, das bis zum Selbstmord führen kann, beobachtet der Fachmann.“ (General-Anzeiger vom 1. April 2005, S. 28) – „Die Auswertung des Robert-Koch-Instituts (Berlin) ergab, ... dass 21,9 Prozent aller Kinder und Jugendlichen Hinweise auf psychische Auffälligkeiten zeigen.“ (General-Anzeiger vom 17./18.

Der Bonner General-Anzeiger wies noch drastischer auf die Gefahren der modernen Form der Erziehung hin, die immer stärker von gesunden Familien abgekoppelt ist. Schon Titel und Untertitel des Artikels zeigten die Stoßrichtung der Reportage: „Krippenkinder, Konzentration, Aggression – USA: Eine Langzeitstudie schlägt Alarm: Betreuung in Gruppen schadet dem Nachwuchs".[75] Entsprechende statistische Erhebungen überzeugen im großen und ganzen selbst dann, wenn ihre Gegner, was die Methodik der Datengewinnung betrifft, irgendein Haar in der Suppe glauben gefunden zu haben – mehr ist es dann auch meist wirklich nicht! Jene Forschungsergebnisse haben nämlich die Einsicht des gesunden Menschenverstandes hinter sich, der die Natur des Menschen sieht, wie sie ist, und nicht wie linke oder liberale Ideologen sie wünschen, damit sie ihren egoistischen Zielen weiter guten Gewissens nachgehen

Mai 2007, S. 1) – „Längst leiden Expertenschätzungen zufolge in Deutschland etwa 2,5 Prozent der Kinder und acht Prozent der Jugendlichen an Depressionen" (General-Anzeiger vom 13. September 2006, in einer Rezension des Buches von Joachim Bauer, Prinzip Menschlichkeit. Warum wir von Natur aus kooperieren, Hoffmann und Campe 2006; die Besprechung erschien unter der Überschrift „Der Mensch ist ein Beziehungstier. Verhalten: Der Mediziner und Psychotherapeut Joachim Bauer vertritt die These, dass Erfahrungen in der Frühphase des Lebens häufig stärker sind als Gene" - was umso mehr für die Notwendigkeit einer gesunden Erziehung spricht!) – „Die Hintergründe des PISA-Desasters: Eltern sind nicht mehr bereit, ihre Kinder zu erziehen und Leistung zu fordern… Seit 1990 habe sich die Zahl der verhaltensauffälligen Schüler verdoppelt, konstatiert das Oberschulamt Karlsruhe" (Medizin und Ideologie 25,1/2003, 16 f.) – „Hyperaktive Kinder im Pillenrausch: Der Verbrauch des Betäubungsmittels Methylphenidat, das zumeist hyperaktiven Grundschülern verabreicht wird, hat sich abermals dramatisch erhöht" (DER SPIEGEL 22/2007, S. 136). Laut einer in mehreren Zeitungen veröffentlichten Anzeige für das Naturprodukt „Zappelin" leiden in Deutschland ca. 1,8 Millionen Kinder an Hyperaktivität, gesteigerter Impulsivität und Konzentrationsstörungen, die oft mit Psychopharmaka behandelt werden.

Angesichts solcher Befunde muß es niemanden wundern, wenn Publikationen über Depressionen und Ängste wie „Das Angstbuch – Woher Ängste kommen und wie man sie bekämpfen kann" (Verf.: Borwin Bandelow, Rowohlt Taschenbuch, 5. Aufl. Reinbek bei Hamburg 2006), um nur ein einigermaßen seriöses Buch zu nennen, wie Pilze aus dem Boden schießen. Es ist demnach heute wichtiger denn je, den Kindern eine für Leib und Seele gesunde, ihre Stärken fördernde und ihre Schwächen eingrenzende Erziehung zukommen zu lassen und nicht alles mehr oder minder laufen zu lassen, wie das in der jüngeren Vergangenheit oft geschehen ist. Diesen Ratschlag gibt auch Johannes Schwarte in seinem Buch „Der werdende Mensch. Persönlichkeitsentwicklung und Gesellschaft heute" (Wiesbaden 2002).

[75] General-Anzeiger vom 3. April 2007, S. 4

können.[76] Und wenn wir so deutlich für die Betreuung der Kleinkinder

[76] Dieser Egoismus ist in einem bestürzenden Maße durch die sexuelle Revolution der 60-er Jahre des 20. Jahrhunderts begünstigt worden. Darauf hat vor kurzem der in Tel Aviv geborene Historiker Michael Wolffsohn noch einmal hingewiesen, der an der Universität der Bundeswehr in München lehrt (Familien und andere Werte in einer wertelosen Gesellschaft, in: Tamen! Gegen den Strom. Günther Rohrmoser zum 80. Geburtstag, 564). Jener gewaltige Umbruch in der Einstellung zu Ehe und Liebe war seinerseits nur durch und mit der „Pille" möglich, wie der Bonner Politikwissenschaftler Gerd Langguth diagnostizierte: „Die Sexualmoral hat sich in allen westlichen Staaten erst gelockert, als die Anti-Baby-Pille auf dem Markt war. Das war lange vor der Studentenrevolte." (Widerworte für Rudi Dutschke – Der aufgebauschte Mythos der Revolte wird allmählich entzaubert, General-Anzeiger, Journal vom 12./13. April 2008, S. III). Allerdings läßt sich nicht bestreiten, daß die „sexuelle Emanzipation" dann auch – neben anderen politischen Zielen, die man jetzt knapp und kompetent zusammengefaßt findet in: Hans-Albrecht Koch, Die Universität – Geschichte einer europäischen Institution, Darmstadt 2008, 225-242 - eine der Haupttriebkräfte der sog. 68-er Revolution war; selbst der linksliberale SPIEGEL verkennt dieses Motiv nicht, in einem Interview erklärte einer der damaligen Aktivisten: „Aber zunächst einmal waren wir doch wirklich knallharte Egoisten" („Bürgerlich bis in die Knochen", DER SPIEGEL 44/2007, 88, vgl. auch „Die Tage der Kommune", DER SPIEGEL 5/2007, 136 ff.; zu dieser Komponente siehe auch Koch, Die Universität, 236 f.).

Papst Paul VI. hatte neben anderen negativen Konsequenzen genau derartige Folgen der künstlichen Kontrazeptiva in seiner geradezu prophetischen Enzyklika „Humanae vitae" vom 25. Juli 1968 vorausgesagt (z. B. in Nr. 17 und 22 f., siehe die zweisprachige Ausgabe im Paulinus-Verlag Trier 1968, 32-35 und 40-43). Alfred Häußler zog in einer lesenwerten kleinen Schrift etliche Jahre später ein entsprechendes Fazit (Das Zeichen des Widerspruchs – Ein Vierteljahrhundert nach Verkündigung der Enzyklika „Humanae vitae", Abensberg 1994, v. a. 58 – 80). Wertvoll für die tiefere Durchdringung des päpstlichen Rundschreibens sind auch die kurz nach der Veröffentlichung erschienenen Kommentare des Philosophen Dietrich von Hildebrand (Die Enzyklika „Humanae vitae" – ein Zeichen des Widerspruchs, Regensburg 1968) und des Moraltheologen Anselm Günthör (Kommentar zur Enzyklika „Humanae vitae", Wort und Weisung Bd. 4, Freiburg/B. 1968). Einen wichtigen Teil des unseligen Widerstandes gegen die päpstliche Lehre, die durch die Tradition der Kirche eindeutig gedeckt war, findet man in dem von Franz Böckle und Carl Holenstein in Verbindung mit Publizisten herausgegebenen Sammelband „Die Enzyklika in der Diskussion – Eine orientierende Dokumentation zu Humanae vitae", Zürich 1968. Zur Problematik der künstlichen Empfängnisverhütung allgemein, auch unter dem Aspekt des hohen medizinischen Risikos, siehe Ernst Wenisch (Hrsg.), Elternschaft und Menschenwürde – Zur Problematik der Empfängnisregelung, Vallendar-Schönstatt 1984; Roland Süßmuth (Hrsg.), Empfängisverhütung: Fakten, Hintergründe, Zusammenhänge, Holzgerlingen 2000.

Die sexuelle Revolution führte zu einer Schamlosigkeit im Verhalten der Menschen in Wort und Bild, die wohl in dieser Form fast ohne Beispiel in der Mensch-

durch die Mütter plädieren, soll dies kein Freibrief für die Väter sein, ganz im Gegenteil: Ohne ihr engagiertes, altruistisches Mitwirken in der Erziehung ist die Stabilität der einzelnen Familienmitglieder und der Gesamtfamilie arg gefährdet.[77] Man hat ja nicht zu Unrecht schon von

---

heitsgeschichte dastehen dürfte. Das festzustellen ist kein Plädoyer für Leibfeindlichkeit und Prüderie, die der katholischen Kirche in ihren guten Zeiten durchaus nicht eigen waren (siehe z. B. die apologetischen Bemerkungen des Kölner Chefarztes und Psychiatrieprofessors Manfred Lütz, in: Lebenslust – Wider die Diät-Sadisten, den Gesundheitswahn und den Fitness-Kult, München 2002, 46-53; das lesenswerte Buch ist, wie der Untertitel andeutet, gegen eine moderne Form von Diesseits-Ersatzreligion gerichtet). Schon 1987 hatte der Mainzer Soziologe Helmut Schoeck, weithin bekannt geworden vor allem durch seine Bücher zum Neid und zu den „12 Irrtümern unseres Jahrhunderts", davor gewarnt, daß mehr und mehr diese sexuelle Revolution auch in die Klassenräume getragen würde (Kapitel „Die Enteignung der Scham: Sexualkunde in der Hand der Linken" innerhalb des aufrüttelnden Buches mit dem Titel „Kinderverstörung: Die mißbrauchte Kindheit – Umschulung auf eine andere Republik", 3. Auflage Asendorf 1989, 151-172). Heute sind die Dinge bis zum Exzeß gediehen. Man werfe nur einen Blick in den erschütternden Bericht, den Mathias von Gersdorff vor drei Jahren zusammengestellt hat! Er ist erschienen unter dem Titel: Die Sexuelle Revolution erreicht die Kinder: Die „sexuelle Emanzipation" des Kindes – Die homosexuelle Revolution in den Schulen – Die pädophile Offensive beginnt, Frankfurt/M. 2005.

Der international bekannte Wirtschaftswissenschaftler und Publizist Alfred Zänker sieht „wenig Hoffnung für die Zukunft", „wenn, nach einer Diagnose Siegmund Freuds, der Verlust von Scham im individuellen wie im kollektiven Leben den Schwachsinn befördere." (Die vielen Gesichter der Dummheit: Torheit – eine Triebfeder des Lebens, Asendorf 2001, 110). Hat diese Prognose nicht soeben noch eine erschütternde und beschämende Aktualität erfahren? Wochen lang steht Charlotte Roches pornographischer und proktologisch detailfreudiger Intim-Roman mit dem Titel „Feuchtgebiete" auf Platz eins DER SPIEGEL-Bestsellerliste und soll, nachdem im Juni 2008 bereits 650.000 deutsche Exemplare verkauft worden sind, in mehrere Sprachen übersetzt werden. (siehe DER SPIEGEL 19/2008, 110-112 und 23/2008, 159) Man braucht kein Prophet zu sein, um vorherzusagen, daß es nicht mehr lange dauern wird, bis dieses perverse Machwerk auch in den Deutschunterricht an den Schulen Einzug hält!

[77] Siehe z. B. den Artikel „Kinder brauchen beide Eltern" von Jürgen Liminski (DT vom 11. März 2008, S. 9). Wertvoll war auch ein Interview unter der Überschrift „Die Väter müssen klarmachen, daß Frauen keine Sex-Objekte sind" mit dem australischen Familien-Therapeuten Steve Biddulph, das im katholischen Magazin „KOMMA" abgedruckt wurde (48/2008, 41-43). Biddulph zeigte auf, wie stark die Anerkennung durch den Vater bei einer jungen Frau auf deren Charakterfestigkeit und ihr Selbstbewußtsein wirkt und sie vor frühen sexuellen Erlebnissen als Ausdruck eines Minderwertigkeitsgefühls schützt. Heranreifende Buben müssen ihrerseits von den Vätern ernstgenommen und durch Unterweisung und persönliches Vorbild zu jungen Män-

einer „vaterlosen Gesellschaft“ gesprochen – der Psychoanalytiker Alexander Mitscherlich prognostizierte sie im Jahre 1963 („Auf dem Weg zur vaterlosen Gesellschaft“), der SPIEGEL-Reporter Matthias Matussek konstatierte sie im Jahre 1998 („Die vaterlose Gesellschaft. Überfällige Anmerkungen zum Geschlechterkampf“; vorangegangen war ein großer *Spiegel*-Artikel unter demselben Titel am 17. 11. 1997).

Erfreulicherweise haben sich verschiedene Bischöfe, wie Mixa[78], Meisner[79], Sterzinsky[80], Zollitsch[81], aber auch Lehmann[82], mit zum Teil scharfen Attacken gegen Frau von der Leyens Pläne gestellt. Vor allem ist es Teilen der CSU zu verdanken[83], daß dann letztlich doch nicht alles so heiß gegessen werden muß, wie die Familienministerin es gekocht hatte.

Das Subsidiaritätsprinzip verlangt ggf. auch staatliche Eingriffe

Selbstverständlich gibt es auf der anderen Seite Bereiche, wo der Staat korrigierend eingreifen muß, z.B. wenn die Eltern aus welchem Grund auch immer überfordert sind oder gar ihre Kinder seelisch verwahrlosen lassen bzw. körperlich mißhandeln. So sind leider eben auch Fälle denkbar, wo tatsächlich kollektive Formen von Erziehung noch besser sind, als wenn Kinder überhaupt nicht ausreichend oder falsch betreut würden, was immer häufiger vorkommt. Die mangelhafte Fürsorge für viele Kinder und

nern herangebildet werden, die bereit sind, ihr Leben verantwortungsbewußt zu führen.

[78] Die Tagespost vom 24. Februar 2007, S. 1; FAZ vom 24. Februar 2007, S. 8

[79] FAZ.NET vom 4. April 2007

[80] Die Tagespost vom 28. April 2007

[81] Die Tagespost vom 17. Mai 2008

[82] Kardinal Lehmann: „Heiliger Zorn“ über Familienpolitik, in: Die Welt vom 2. März 2007, S. 1. Allerdings fiel Kardinal Lehmann kurze Zeit später seinem Mitbruder im Bischofsamt Walter Mixa in den Rücken, als dieser die Pläne der Ministerin von der Leyen für einen massiven Krippenausbau mit zugegebenermaßen arg geharnischten Worten tadelte. Lehmann hatte damals die Kritik des Augsburger Oberhirten zu relativieren versucht, indem er betonte, es handele sich ja hier schließlich um nur „eine Stimme unter den 27 (Diözesen).“ (Süddeutsche Zeitung vom 10. April 2007) Der damalige Vorsitzende der Deutschen Bischofskonferenz hätte sich ja meinetwegen von Mixas Tonfall vorsichtig distanzieren können, hätte ihm aber in der Sache deutlich zur Seite treten müssen!

[83] Siehe z.B. den Widerstand des Generalsekretärs der CSU, Markus Söder: „Er warf von der Leyen vor, berufstätige Mütter stärker zu fördern als Hausfrauen. ‚Die Ministerin schießt eindeutig über das Ziel hinaus.'“ (Art. „CSU weist von der Leyen zurecht“, in: General-Anzeiger vom 16. Februar 2007, S. 1).

Jugendliche treibt immer mehr von ihnen in Alkohol- und Drogenexzesse, wobei dieses Phänomen sehr wohl auch in „gutbürgerlichen" Familien vorkommt.[84] Fehlende oder grob falsche Erziehung ist ferner eine zentrale Ursache für die kontinuierlich zunehmende Verrohung von Teilen der Jugend und, daraus resultierend, ihrer Bereitschaft, Gewalt anzuwenden.[85]

---

[84] Ich zitiere zur Veranschaulichung nur einige Überschriften von Presseartikeln: „Alkoholmissbrauch: Krass, wie viele Jüngere schon mitsaufen" (FAZ.NET, Art. vom 3. April 2007) – „Zur Ausnüchterung ins Kinderkrankenhaus – ARD-Reportage über den Anstieg des Alkoholmissbrauchs bei Teenagern" (Die Tagespost vom 26. Juni 2007, S. 11) – „Immer mehr Jugendliche greifen zur Flasche – Gesundheit: Der Drogen – und Suchtbericht der Bundesregierung verzeichnet eine dramatische Steigerung des Alkoholmissbrauchs" (General-Anzeiger vom 6. Mai 2008, S. 4). Auch der Drogenkonsum ist bei Jugendlichen mitnichten gesunken, man redet nur nicht mehr so viel davon, da der Kampf eh verloren zu sein scheint. Zwei Schlagzeilen: „Auf das Hochgefühl folgt der Absturz. Drogen: Eine Bonner Studie untersucht die schädlichen Langzeitfolgen der Ecstasy" (General-Anzeiger vom 6. Juli 2004). Aus dem Artikel erfuhr man dann, daß 4 % der Jugendlichen zwischen 14 und 25 Jahren im Jahr 2004 bereits Erfahrungen mit diesem gefährlichen Aufputschmittel gemacht hatten, seitdem dürfte die Zahl noch um einiges gestiegen sein. – „Les fumeurs de cannabis sont de plus en plus nombreux" (Revue de la Presse, Septembre 2007, S. 8). Im weiteren Sinn wird man unter die Drogen auch die Sucht nach ständiger, lauter Musik einordnen müssen: Man will sich irgendwie „betäuben" und vor der Realität in eine andere Welt fliehen. Auch hier seien zwei aussagekräftige Zeitungsartikel angeführt: „Schon ein zu lautes Konzert kann schaden. Gesundheit: Bereits jeder vierte Jugendliche hört schlecht. Fachleute fordern Grenzwerte" (General-Anzeiger vom 28. April 2004, S. 3) – „Hörgerät mit 50" (General-Anzeiger vom 23. April 2004, S. 28) Im letzteren Beitrag las man u. a.: „'Jeder vierte Jugendliche bundesweit hat inzwischen Hörschäden' warnt die Bundeszentrale für gesundheitliche Aufklärung (GZgA) in Köln im Vorfeld des internationalen ‚Tags gegen den Lärm' am 28. April. Viele Teenager hören bereits so schlecht wie Senioren. Ein Drittel der heutigen Jugendlichen wird Experten-Schätzungen zufolge mit spätestens 50 Jahren ein Hörgerät benötigen."

[85] Seit einigen Jahren liest man ständig in den Presseorganen Schlagzeilen und Meldungen wie die folgenden: „Jugendgewalt nimmt zu – Kriminalität: Schäuble legt Polizeistatistik für 2006 vor" (General-Anzeiger vom 9. Mai 2007, S. 1). - „Jugendgewalt nimmt zu. Die Polizeiliche Kriminalstatistik weist für die letzten zwei Jahrzehnte kontinuierlich deutliche Steigerungen in nahezu allen Altersgruppen aus." (Weisser Ring – Die Zeitschrift für Opferschutz und Prävention 31,3/2008, 18). - „Sondage: les 15 – 25 ans déplorent l'agressivité ambiante… Plus généralement, la moitié de cette génération constate que la violence est de plus en plus présente dans la societé." (Aujourd'hui en France vom 11. April 2005) Leider trägt die Generation, die sich hier zu Recht beschwert, ja selbst in vielen ihrer Vertreter mit zu dieser bedrückenden Entwicklung bei. Das beklagte Phänomen ist übrigens mehr oder minder stark europaweit zu beobachten. Hier helfen keine billigen Abwiegelungs – und Beschönigungsversuche, de-

Nach dem katholischen Subsidiaritätsprinzip wäre in solchen Fällen freilich vor dem Staat (der ja so, wie er sich heute in seinen öffentlichen Vertretern oft darstellt, sowieso nicht gerade eine ideale Erziehungsinstitution ist!) noch die Hilfe der nächsten Angehörigen gefragt und, wenn auch diese nichts ausrichten können oder wollen, die Unterstützung durch die Kirche, sofern die Eltern sie als Erziehungsautorität anerkennen.[86]

Die protestantische Islamwissenschaftlerin Christine Schirrmacher hat vor kurzem mit Blick auf islamische Familien den Zusammenhang zwischen Erziehungsmängeln und Neigung zur Kriminalität beleuchtet: „Manche Studien bezeichnen gerade junge Männer als die eigentlichen Verlierer der Zuwanderung. Viel zu viele fühlen sich weder in Europa noch im Land ihrer Eltern zu Hause. In der Familie oft verhätschelt und vernachlässigt zugleich, sind sie besonders häufig von schulischem Scheitern betroffen und erhalten zu wenig Unterstützung von zu Hause – gerade die PISA-Studien haben verdeutlicht, wie entscheidend das familiäre ‚Bildungsklima' für den Lern – und Schulerfolg eines Kindes doch ist. Der Erfolglosigkeit in Schule und Beruf steht die eigene Familie als Schutz – und Rückzugsraum gegenüber: Sie sorgt für sie, entschuldigt und verteidigt sie häufig, wenn sie vor Gericht unter Anklage stehen und

---

nen man immer wieder begegnet, hier geht es um harte und zutiefst betrübliche Fakten!

Gott sei Dank gibt es gelegentlich auch erfreuliche Nachrichten: „Religiös erzogene Kinder sind krisenfester… Kinder religiöser Eltern sind in ihrem späteren Leben gut vor Orientierungslosigkeit geschützt und können Krisen meistern. Das sind die Ergebnisse einer wissenschaftlichen Tagung, die die Stiftung Ravensburger Verlag gemeinsam mit der Tübinger Forschungsgruppe ‚Wirkungen religiöser Familienerziehung' am 8. und 9. März in Frankfurt veranstaltete. An den Symposien nahmen rund 150 Experten aus Forschung, Politik, Kirchen, Bildung und Erziehung teil… Laut Biesinger [Prof. Albert Biesinger, katholischer Religionspädagoge an der Universität Tübingen, H-L B] wirkt es sich auf die religiöse Entwicklung eines Kindes negativ aus, wenn die Grundeinstellung der Eltern und ihr Verhalten nicht übereinstimmen und wenn die religiöse Erziehung unter Zwang geschieht… Der Direktor des Instituts für Kriminologie der Uni Tübingen, Prof. Hans-Jürgen Kerner, vertrat die Ansicht, dass Religiosität eine vorbeugende Wirkung gegen kriminelles Handeln haben könne. Religiöse Menschen seien zwar nicht frei von Versuchungen, sähen aber nach einer Tat eher Wege, wieder ins Reine zu kommen und ernsthaft daran zu arbeiten, dass sich das Böse nicht wiederhole." (PUR-Magazin 3/2004, S. 8)

[86] Auf diese naturrechtlich vorgegebene Rangfolge hat zu Recht noch jüngst Rafael Hüntelmann hingewiesen (Das Naturrecht, in: Civitas 1/2007, 11).

ist ihnen dadurch oft keine Hilfe bei dem Prozess, sich rückhaltlos mit den Realitäten des Lebens und ihrer Zukunft in Deutschland auseinanderzusetzen; einem Land, in dem Bildung und berufliche Qualifikation – nicht Verwandtschaft und Beziehungen – zu den Grundvoraussetzungen zu Fortkommen und Aufstieg gehören."[87]

Bischof Fulton J. Sheen schrieb in den 50-er Jahren, als in den USA das Phänomen der Verrohung junger Menschen schon virulent war: „Die Hauptursache der Jugendkriminalität ist das Elternhaus."[88] Heute noch wird immer wieder auf diesen Zusammenhang hingewiesen, vor allem auch mit Blick auf Migrantenfamilien der Unterschicht, noch dazu solche mit hoher Arbeitslosigkeit und geringer Integrationsfähigkeit und/oder -bereitschaft.

Mangelnde Integration von Migranten – Arbeitslosigkeit – Gewaltbereitschaft

Auf dieses Problemfeld müssen wir kurz noch näher eingehen, weil es für unser soziales System in Deutschland, aber mutatis mutandis europaweit eine gewaltige Herausforderung darstellt. „Die Tatsache ist, dass inzwischen achtzig Prozent der jungen Intensivtäter aus Migrantenfamilien stammen und arabische und türkische Jugendliche die Gewaltstatistik so überdeutlich anführen, hat viele wachgerüttelt." So schrieb Regina Mönch unter dem Titel „Falsche Toleranz" in der FAZ vom 15. Januar 2008. Frank Schirrmacher ließ keinen Zweifel, welcher Sprengstoff sich hier noch weiter zusammenbraut: „(Die ausländischen jugendlichen Täter) haben begonnen, einen Feind zu identifizieren... Das sind ‚die Deutschen' (Junge Männer auf Feindfahrt, FAZ vom 15. Januar 2008). Freilich bekriegen sich Jugendliche mit Migrantenhintergrund oft genug auch gegenseitig, es steht dann vor allem Bande gegen Bande.

Eine Richterin wagte im Jahre 2008 angesichts grausamer Straftaten von Jugendlichen aus ausländischen Familien auszusprechen, was viele schon längst geahnt hatten: „Alle, die sich mit dem Problem auskennen, wissen das, auch die Politiker. Aber die Öffentlichkeit wird getäuscht." (Mit 14 ist er schon als Intensivtäter registriert, GA-Serie, Teil 1: Jugend

[87] Christine Schirrmacher, Islam und Christentum in Europa: Eine Standortbestimmung, in: Lutz Simon, Hans Joachim Hahn (Hrsg.), Europa ohne Gott? Auf der Suche nach unserer kulturellen Identität, Holzgerlingen 2007, 150 f. Ich danke Frau Prof. Edith Düsing für das Geschenk dieses informativen Buches, zu dem sie auch selbst einen wertvollen Beitrag zu Nietzsche und Solowjew beigesteuert hat.

[88] Fulton J. Sheen, Jugendkriminalität, in: Entscheidung für Gott, Luzern 1957, 116.

vor dem Kadi. Die Justiz ertrinkt in einer Flut von Verfahren gegen junge Straftäter. 2007 hatte die Staatsanwaltschaft 16 084 Verfahren. Dreieinhalb Jugendrichter sehen kaum noch Land, General-Anzeiger vom 24. Januar 2008, S. 6). Derartiges hatten viele Bürger in Deutschland schon längst geahnt, aber die – durchaus nicht immer so freie! – Presse verschwieg es weitgehend. Wo bleibt da die vom Grundgesetz (Art. 5,1) garantierte Pressefreiheit? So darf und muß man wohl fragen! Wird der mutige Berliner Oberstaatsanwalt Reusch aus Berlin, der Ende 2007 mit einem erschütternden Bericht an die Öffentlichkeit ging und dafür disziplinär gemaßregelt wurde, nicht vermutlich Recht behalten, wenn er feststellte: „Es gibt nur eine einzige Maßnahme, die sie wirklich beeindrucken könnte, nämlich die Haft. So entspricht es polizeilichen Erfahrungen, dass Täter, die bereits einige Monate Untersuchungshaft hinter sich haben, in ihrem Auftreten und Verhalten deutlich vorsichtiger geworden sind." (Migration und Kriminalität – Rechtsstaatliche und kriminologische Aspekte und Lösungsansätze für eine erfolgreiche Integration, S. 11). Für die ganz jungen Wiederholungstäter kommt natürlich nicht das Gefängnis in Frage. Vielmehr sind sie an Erziehungseinrichtungen zu überweisen, die mit Disziplin und Strenge, aber auch durch Zuwendung und Liebe die Kinder bzw. Heranwachsenden wieder auf den Pfad der Tugend zurückführen helfen und somit ihre Eingliederung in normale gesellschaftliche Abläufe erleichtern.

Man darf als eine der Wurzeln für die katastrophale Entwicklung nicht die hohe Arbeitslosigkeit unterschätzen. In den sozialen Brennpunkten der türkischen Ghettos vor allem in Berlin und Köln beträgt sie fast 50 Prozent. Die Mehrzahl der Jugendlichen bleibt dort ohne Schulabschluß, die Berufsausbildung wird zur Ausnahme.[89] Insgesamt absolvieren 40 % der Jugendlichen aus Ausländerfamilien keine Berufsausbildung, ein nicht geringer Prozentsatz von ihnen besitzt nicht einmal einen Schulabschluß. 72 Prozent der in Deutschland lebenden Türken, selbst wenn sie hier geboren sind, haben keine berufliche Qualifikation.[90] „Ursache für diese Entwicklung sei unter anderem die fatale deutsche Einwanderungspolitik gewesen. Anders als die Länder wie Kanada oder Australien habe Deutschland nie auf die Qualifikation der Migranten geachtet." So zitierte das Wochenmagazin *DER SPIEGEL* den Bremer Konfliktforscher Gunnar Heinsohn, der ja nun wahrlich nicht im Verdacht steht, „rechtsradikale" Positionen zu vertreten (Exempel des Bösen, DER SPIEGEL 2/2008, 22 f.)!

---

[89] Siehe Rüdiger Drews, Gefährliches Spiel, Die Tagespost vom 16. Februar 2008, S. 9.

[90] Exempel des Bösen, DER SPIEGEL 2/2008, 26

Eine der Hauptgründe für die derzeit immer stärker eskalierende Misere liegt darin, daß die Eingliederung zu vieler (durchaus nicht aller!) Ausländer bzw. Migranten in unsere Gesellschaft einfach mißlungen ist! Man hätte sich eben früh genug darüber klar werden müssen, ob man zeitlich begrenzt „Gastarbeiter“ ins Land holen will oder ob man Einwanderungen in größerem Ausmaß zulassen oder gar fördern möchte. Im letzteren Fall hätte man beherzt auf Integration hin arbeiten, ja drängen müssen, zumindest einmal auf zuverlässige Beherrschung der deutschen Sprache und Achtung vor unserer verfassungsmäßigen Ordnung. Auch dieses Versäumnis wird von ganz seriöser Seite mehr und mehr zugegeben. So äußerte sich z.B. Rudolf Seiters unter der Überschrift „Den Ohnmachtsgefühlen begegnen“ in der FAZ vom 11. Februar 2008 (S. 8). Seiters ist immerhin Präsident des Deutschen Roten Kreuzes und wahrlich auch seinerseits nicht „rechtslastig“! Wenn künftig die Eingliederung nicht deutlich besser gelingt – und bei nicht wenigen Ausländern, mit oder ohne deutschem Paß, ist es vielleicht schon zu spät! -, steuern wir in Deutschland auf eine Katastrophe zu. Man lese nur einmal die Ausführungen von Stefan Luft, Abschied von Multikulti – Wege aus der Integrationskrise (Gräfelfing 2006)! In diesem umfangreichen Werk des Bremer (!) Hochschullehrers wird nicht nur eine erschütternde Diagnose erstellt, sondern es werden auch Auswege aus der Krise aufgeführt, denen man nicht in jedem Detail zustimmen mag, die aber jedenfalls wichtige Anregungen bieten.

Selbstverständlich ist eine solche Integration nicht ohne ein gewisses Maß an Assimilation ausländischer oder ursprünglich aus dem Ausland stammender Familien möglich, vor allem solcher aus einem uns völlig fremden Kulturkreis mit religiösen Ansichten, die mit unserer Grundordnung in mancher Hinsicht einfach inkompatibel sind. Man kann es nur als eine politische Dummheit, ja eine Frechheit sondergleichen bezeichnen, wenn der türkische Premierminister Erdogan während seines Deutschlandbesuchs im Februar 2008 die Forderung nach Assimilation pauschal als ein „Verbrechen gegen die Menschlichkeit“ bezeichnete. Da half auch sein formales (Lippen-)bekenntnis zur Integration wenig. Es lohnte sich, hierzu einige Berichte zu lesen: „Assimilierung - Verbrechen gegen die Menschlichkeit“ in der FAZ vom 11. Februar 2008 (S. 2) und die Spiegel-Artikel „Intrigieren gegen die Integration“ und „Erdogan fordert türkische Gymnasien und Universitäten in Deutschland“ (Spiegel-Online vom 9. Februar 2008). Rüdiger Drews schrieb zu Recht in der DT über Erdogans Worte („Gefährliches Spiel“, 16. Februar 2008, S. 9): „Welch ein gedanklicher und polemischer Unsinn: welch eine Integrationsbarriere, die er mit seiner ganzen Autorität gegen die deutschen Integrationsbemühungen errichtet!“ Ja, offenbar waren Erdogans Äußerungen weniger eine Warnung an deutsche Behörden vor einer Zwangsassimilation, die es ja niemals gegeben hat und auf der Basis unserer Verfassung auch nicht geben kann, sondern sie waren gezielt an seine Landsleute gerichtet: Wer mit den Deutschen gemeinsame Sache macht, ist ein Kollaborateur, ein Verbrecher, so kann man jedenfalls mit Fug und Recht die Äußerung des Ministerpräsidenten interpretieren. Daraus zog der „Spiegel“ die richtige Schlußfolgerung: „Wer seinen Leuten Angst macht vor Assimilation, den will am Brüsseler Ratstisch keiner sehen.“ (Identität als Gefängnis, DER SPIEGEL 8/2008, 46-48, Zitat 48).

Eingreifen des Staates in die Erziehung nur im Notfall!

In allen Fällen, wo die Erziehung in den Familien grob mißlingt und sie Kinder oder Jugendliche schädigt, ja, direkt oder indirekt, ihre Kriminalität ermöglicht oder gar fördert und sich sonst keine bessere Lösung anbietet, ist ein Eingreifen staatlicher Behörden geradezu geboten. Dann verstößt ein solches Vorgehen selbstverständlich nicht gegen das christliche Subsidiaritätsprinzip, sondern ergibt sich im Gegenteil gerade aus ihm. Aber wer Pflege und Erziehung der Kinder gut leistet, benötigt hierzu den staatlichen Freiraum, um dies noch besser tun zu können, und keine totalitäre Bevormundung. Man darf doch nicht zur Rechtfertigung einer verfehlten sozialistischen Politik mehr oder minder alle Familien unter den Generalverdacht der Unfähigkeit oder gar des Vergehens oder Verbrechens stellen![91]

---

[91] Daß Eltern sich heute weithin schwerer tun, ihre Kinder durch behutsame, liebevolle Führung, aber manchmal auch durch notwendige Strenge und vor allem durch das eigene gute Vorbild zu erziehen, als es noch vor der antiautoritären bzw. Laissez-faire-Pädagogik der 68er- Revolution der Fall war, kann nicht bestritten werden. Papst Benedikt XVI. sprach daher zu Recht von einem allgemeinen „Erziehungsnotstand“, der vor allem eine Folge des modernen Relativismus sei (Papst: Notstand in der Erziehung, in: Die Tagespost vom 14. Juni 2007, S. 1). Man bedenke auch, daß mittlerweile ein erheblicher Teil des Nachwuchses gar keine geordneten Familienverhältnisse mehr kennenlernt: Ein Drittel aller Kinder wird außerhalb der Ehe geboren, 1998 waren es nur 20 %! (Zahlen des Statistischen Bundesamtes in Wiesbaden, Quelle: General-Anzeiger vom 14. Mai 2008, 4)

Vielfach ist besagter Erziehungsmißstand in den vergangenen Jahren dokumentiert worden, so z.B. von Susanne Gaschke, Mitarbeiterin der Zeitungen *Die Zeit* und *FAZ*. Sie hat die Defizite aus einer rein natürlichen, also nicht-religiösen und durchaus auch nicht besonders konservativen Perspektive betrachtet und anschaulich geschildert. Der Titel ihres bekannten Buches lautet: Die Erziehungskatastrophe – Kinder brauchen starke Eltern (5. Aufl. Stuttgart-München 2001). Große Defizite in unserer Erziehung beklagt auch Michael Winterhoff in seinem Bestseller, der sogar in Auszügen von der Bildzeitung nachgedruckt worden ist. Der Titel des Buches lautet „Warum unsere Kinder Tyrannen werden. Oder: Die Abschaffung der Kindheit" (Gütersloher Verlagshaus, 2. Aufl. 2008) und läßt die Stoßrichtung des Autors erkennen. Das geistige Niveau vieler Jugendlicher, aber nicht nur dieser, sondern letztlich weiter Teile unseres ganzen Volkes (Gott sei Dank noch nicht aller!) kann man der mit spitzer Feder und in drastischem Stil geschriebenen Neuerscheinung „Generation Doof – Wie blöd sind wir eigentlich?" von Stefan Bonner und Anne Weiss entnehmen, deren Berichte, wie sie ausdrücklich versichern, auf Tatsachen beruhen (Bastei Lübbe-Taschenbuch, Bergisch Gladbach 2008; ich danke meiner Studentin Sarah Beer für den Hinweis auf dieses schockierende Buch).

Aber selbst solche allgemeinen oder jedenfalls sehr weitreichenden Diagnosen rechtfertigen noch lange keine generelle staatliche Erziehung! Wo hätte denn die Öffentliche Hand, bitte schön, das Erziehungspersonal, das es weithin besser machen würde? Ist doch fast die ganze Gesellschaft vom Verlust oder mindestens von der Schwächung gesunder Autorität angekränkelt! Wo die göttliche, absolute Autorität nicht mehr im gebotenen Maße ernstgenommen wird, kann eben die menschliche, von ihr abgeleitete Autorität nicht recht gedeihen. Und genau diese Zusammenhänge verkennen leider die meisten Autoren von Erziehungsbüchern der letzten Jahre: Wie nicht wenige Eltern und Lehrer stehen sie oft fassungslos vor einer Entwicklung, die in nicht wenigen Fällen fast außer Kontrolle geraten zu sein scheint. Da ist auf Dauer auch mit einer auf überwiegend rein natürlicher Basis angelegten Erziehung zur Disziplin wohl nicht allzu viel auszurichten, die Bernhard Bueb, langjähriger Schulleiter auf Schloß Salem, in seinem Bestseller „Lob der Disziplin – Eine Streitschrift" (Berlin 2006) propagiert. So richtig hier vieles gesehen wird, so wird auf der anderen Seite die äußere Disziplin vielleicht doch etwas überbetont; jedenfalls fehlt es manchmal etwas an der christlichen Güte, Herzlichkeit und Heiterkeit einer Pädagogik des hl. Don Bosco (obgleich der Autor einige lobende Worte zu Internaten findet, die vom katholischen Geist getragen sind, s. S. 43 f.)! Die Notwendigkeit der (wenigstens natürlichen) Liebe betont zu Recht um einiges stärker der Kinderpsychologe Wolfgang Bergmann (Gute Autorität – Grundsätze einer zeitgemäßen Erziehung, 3.Aufl. Weinheim und Basel 2006) und gibt praktische Ratschläge für die Erziehung.

Noch tiefer greifend argumentiert Inge M. Thürkauf, die Frau des verstorbenen Physikprofessors Max Thürkauf, die in ihren Publikationen immer wieder das Übel an der Wurzel packt. Noch soeben hat sie wesentliche Fehler moderner Erziehung, aber zugleich auch wahrhaft christliche Wege zu deren Korrektur in einem Interview liebevoll aufgewiesen: Das Recht des Kindes auf das Wahre und Gute, in: Kirchliche Umschau 11,5/2008, 5-7. Dort stützt sich die Publizistin und Theaterschauspielerin u. a. auf einige wichtige Bücher, z.B. Manfred Spitzers Werk „Vorsicht Bildschirm! Elektronische Medien, Gehirnentwicklung, Gesundheit und Gesellschaft" (Klett-Verlag Stuttgart 2005) oder Hanne Tügels Buch „Kult ums Kind – Großwerden in der Kauf-

Zum Abschluß dieses Abschnitts möchten wir die katholische Lehre zum Subsidiaritätsprinzip in der Erziehung[92] anhand einiger Sätze zusammenfassen, die sich unter dem Stichwort „Familie und Subsidiaritätsprinzip“ im neuen „Lexikon Familie“ finden, das vom „Päpstlichen Rat für die Familie“ herausgegeben worden ist[93]: „Die Familie besitzt somit von Natur aus das Recht, sich selbst zu organisieren und sich zusammenzuschließen, nicht nur um sich gegenseitig zu unterstützen und zu schützen, sondern auch um ihre unverzichtbare Rolle in der politischen Gesellschaft besser entfalten zu können. Es lässt sich heutzutage jedoch oft beobachten, dass die öffentliche Gewalt zunehmend in den Innenraum der Familie eingreift, die Entscheidungsfreiheit der Eheleute einschränkt und sogar missbräuchlich in die Erziehung der Kinder eingreift. Dergleichen Machtmissbrauch läßt sich ebenso auf nationaler wie auf internationaler Ebene beobachten und verführt manche politischen Kreise dazu, nicht einmal mehr vor dem Wesen der Institution der Familie selbst zurückzuschrecken. Deshalb ist die Autonomie der Familie erneut zu betonen.[94] Diese Autonomie läßt sich nur dadurch garantieren, dass die Eltern die Entscheidungsfreiheit über die Zahl ihrer Kinder und über deren Erziehung besitzen. Staat und öffentliche Gewalt müssen die Eltern auf allen Ebenen dabei unterstützen, die eigene Freiheit auszuüben. Die Keimzelle Familie geht aus der heterosexuellen monogamen Ehe hervor[95], die eine

---

rauschglitzercybergesellschaft“ (Verlag C.H. Beck, München 1996). Inge M. Thürkauf beklagt zu Recht die schlimmen Auswirkungen moderner „Drogen“ wie der virtuellen Welt von Gameboy, Fernsehen, Computer und Handy mit all ihren technischen Möglichkeiten, die die Jugend, neben anderen schrecklichen Folgen, letztlich völlig unserer realen Welt entfremden.

[92] Sie findet auch bei protestantischen Gelehrten Anerkennung, so ausdrücklich z. B. bei dem Vechtaer Professor für Wirtschaftspolitik Hermann von Laer in seinem Beitrag „Familienpolitik braucht mehr Subsidiarität: Ein drastischer Wandel ist unabdingbar – Plädoyer für eine Politik jenseits von staatlicher Gängelei und liberalistischer ‚Eigenverantwortung‘“ (Die Tagespost vom 22. November 2003, S. 7).

[93] Italienische Originalausgabe Bologna 2003, deutsche Fassung redaktionell bearbeitet von Hans Reis, Paderborn 2007, Zitat S. 721.

[94] Aus dem Kontext geht klar hervor, daß nur die Autonomie dem Staat gegenüber gemeint ist. Es geht nicht etwa um die Beziehung zu Gott bzw. zur Kirche.

[95] Leider muß man diesen Gesichtspunkt heute angesichts einer Fülle naturwidriger Gesetzesmaßnahmen in vielen Staaten betonen! Daß es selbst in der EU auch noch anders geht, wenn die Verantwortlichen nur wollen, zeigt das Beispiel Griechenlands: Jorgos Sanidas, Staatsanwalt am Höchstgericht Areopag, forderte strafrechtliche Ermittlungen gegen den Bürgermeister der Ägäis-Insel Tilos, Tassos Aliferis. Dieser wollte in seiner Gemeinde ein homosexuelles Paar trauen. Der Staatsanwalt vertritt die

Personengemeinschaft und unter diesem Titel Inhaberin von Freiheiten ist, die als solche zu schützen sind."

Das Subsidiaritätsprinzip und der Bereich der Wirtschaft

Im Bereich der Wirtschaft werden, um ein weiteres Beispiel zu nennen, wo Solidarität und Subsidiarität stärker berücksichtigt werden müßten, künftig wohl Maßnahmen zum Schutz der einheimischen Arbeitsplätze gegen die geballte Macht des internationalen, globalisierten[96] Großkapitals noch in viel höherem Umfang notwendig sein, als man sie bisher eingeleitet hat.[97] Andernfalls riskiert man die Verarmung beträchtlicher Teil der Bevölkerung[98],

---

Meinung, dies verstoße gegen Art. 21 der griechischen Verfassung, durch welche „die Familie als Fundament der Erhaltung und Weiterentwicklung der Nation" geschützt sei. (Griechenland Zeitung – Die deutschsprachige Wochenzeitung Griechenlands und Zyperns 4,134/2008, S. 1).

[96] Zu den Gefahren, die die Globalisierung mit sich bringt, findet man aufrüttelnde Informationen in einem bekannten Buch, das freilich nicht aus katholischer Perspektive verfaßt worden ist: Hans-Peter Martin – Harald Schumann, Die Globalisierungsfalle – Der Angriff auf Demokratie und Wohlstand, 17. Aufl. Reinbeck bei Hamburg 1998. Ebenso gibt Carl Amerys Buch „Global Exit – Die Kirchen und der Totale Markt" (München 2002) einem engagierten Christen manche Denkanstöße zur Bewahrung der Schöpfung und der sozialen Gerechtigkeit, auch wenn er die Grundposition des Verfassers nicht teilt, der seine Sympathien für die lateinamerikanische Befreiungskirche nicht verhehlt. Selbstverständlich gibt es auch einige positive Aspekte der Globalisierung, z.B. daß bei Naturkatastrophen weltweit schnell Hilfe bereitgestellt werden kann; Wolfgang Huber, Ratsvorsitzender der EKD, hat hierauf in einem Kapitel zur Globalisierung aufmerkam gemacht (Im Geist der Freiheit – Für eine Ökumene der Profile, Freiburg/B. 2007, 53-57, hier 54).

[97] Daß dies nicht ganz unmöglich ist, wie man immer wieder hört, sondern man nur den politischen Willen zu solchen Maßnahmen aufbringen muß, zeigt folgende Schlagzeile, die über einem Artikel des Magazins DER SPIEGEL (24/2008, 32) stand: „Zurück in die Zukunft. Das Innenministerium will sicherheitsrelevante Unternehmen vor Übernahmen durch ausländische Konzerne schützen. Die privatisierte Bundesdruckerei soll jetzt in Teilen verstaatlicht werden." Es braucht sicher nicht immer gleich das Instrument der Verstaatlichung angewandt werden, mit Einfallsreichtum und Durchsetzungsvermögen lassen sich in verschiedenen Bereichen bestimmt auch andere Lösungen finden.

[98] Laut Armutsbericht des Bundesarbeitsministers Olaf Scholz vom Mai 2008 gelten 13 % der Bürger als arm, weitere 13 % werden nur durch Sozialtransfers wie Kindergeld oder Arbeitslosengeld II vor dem Abrutschen unter die Armutsgrenze bewahrt. Diese liegt für Alleinstehende bei 781 Euro netto (Armutsbericht verschärft die Steuerdebatte, Die Tagespost vom 20. Mai 2008, S. 1).

v. a. auch der unteren Mittelschicht, und deren politische Radikalisierung.[99] Die Wahlergebnisse von Landtagswahlen des Jahres 2008 zugunsten der Partei „Die Linken“ sprechen hier eine deutliche Sprache!

Und wenn man auf nationaler Ebene wirklich politisch handeln will, kann man es auch heute noch, sicher nicht immer konfliktfrei. Hier gilt das alte Sprichwort: Wo ein Wille ist, ist auch ein Weg! So hat der Deutsche Bundestag im April 2008 im europäischen Alleingang den Import von Erzeugnissen jener Robben verboten, die in der Tat in oft grausamster Weise abgeschlachtet werden. Diese gesetzliche Bestimmung wurde beschlossen zwei Wochen, nachdem man den im Stammzellengesetz festgeschriebenen Stichtag für den Import von Stammzellen, die aus getöteten menschlichen Embryonen gewonnenen worden sind, um fünf Jahre verschoben hat.[100] Jene menschenrechtswidrige Entscheidung wurde u. a. mit internationalem Druck gerechtfertigt, beim Tierschutz (der an sich gut und notwendig ist, damit man mich nicht mißversteht!) setzt man sich über solche Bedenken hinweg. Eine geradezu zynische, jedenfalls schändliche Politik!

Der katholische Philosoph Robert Spaemann sieht wohl nicht zu Unrecht im Augenblick zwei Phänomene, die Menschheit und Menschlichkeit

---

[99] Wie wenig gefestigt unsere Demokratie ist, hat das Magazin DER SPIEGEL in einer Beitragsserie ab der Ausgabe 19/2008 vorgeführt. Schon ein Viertel der Bevölkerung Deutschlands muß man als erklärte Gegner des ganzen politischen Systems betrachten (DER SPIEGEL 20/2008, 57). Wie stark auch das Interesse am Gemeinwesen und allem, was damit zusammenhängt, gerade bei der Jugend gesunken ist, zeigt eine erschütternde Zahl: Während Anfang der neunziger Jahre noch über 50 % der Deutschen zwischen 14 und 29 Jahren regelmäßig eine Tageszeitung lasen, sind es im Jahre 2008 nicht einmal mehr 30 %! (DER SPIEGEL a. O. 64). Dieses Interesse hat sich auch nicht etwa, wie im SPIEGEL-Artikel ausdrücklich betont wird, auf das Internet verlagert.

[100] Stefan Rehder, Deutschland ist eine Insel, DT vom 26. April 2008, 9. Bei der entscheidenden Abstimmung im Deutschen Bundestag am 11. April 2008 lehnten von 612 Abgeordneten nur 118 die Forschung mit menschlichen Embryonen völlig ab. Folgende Verteilung ablehnender Stimmen auf die Fraktionen ergab sich: Grüne 13 (= 25 % der Fraktion), Die Linke 10 (= 19 %), SPD 6 (= 3 %), FDP 1 (= 2 %), CDU 71 (= 40 %), CSU 17 (= 36%, also prozentual weniger als bei der CDU!). Alle Unionsabgeordneten, die das menschliche Leben konsequent geschützt wissen wollten, sind an folgender Stelle namentlich aufgeführt: Pro Sancta Ecclesia, IK-Nachrichten 9,5/2008, S. 2 (Überschrift: Stammzellengesetz: Das Fähnlein der 88 Aufrechten). Wie darüber hinaus alle Bundestagsmitglieder sich bei den einzelnen Anträgen – denn es waren ja mehrere „Modelle“ zur Abstimmung gestellt worden – verhalten haben, kann man folgender umfassender Dokumentation entnehmen: Schamstunde des Parlamentarismus, LebensForum (Zeitschrift der Aktion Lebensrecht für Alle e. V., abgekürzt ALfA) 86/2008, 17-34.

in besonderer Weise bedrohen: „Das eine ist die Globalisierung und damit die Marginalisierung der staatlichen Institutionen, die zu bloßen Dienstleistungsbetrieben des globalisierten Marktsystems herabzusinken drohen, als was das ‚Kommunistische Manifest' sie bereits beschrieb. Das andere ist die Biotechnik. Wo das System der Bedürfnisse und der ihm zugehörige Wissenschaftstypus sich anschicken, auf die ‚Substanz' des Menschseins im elementaren Sinn, nämlich auf die Natur des Menschen, durchzugreifen und so sich ihr Widerlager einzuverleiben, da gibt es nichts mehr zu versöhnen. Es ist ja zum Beispiel die Idee Sloterdijks, das Medium der immer neu zu leistenden Versöhnung, die Erziehung, abzulösen durch biologische Menschenzüchtung, durch die sowohl die Tradition als auch Emanzipation obsolet werden und so ihre Zusammengehörigkeit nur noch mit ihrem gemeinsamen Ende erweisen."[101]

Sehr aufschlußreich für die bedauerliche und gefährliche Entwicklung auf dem Gebiet der Ökonomie war ein großer Bericht im „Spiegel" unter der Überschrift „Der große Graben – Deutschland driftet auseinander. Während sich Topmanager Millionengagen – und abfindungen genehmigen, wären viele Bürger schon froh, wenn sie von ihren Löhnen leben könnten. Nie erschien ihnen ihr Land ungerechter als in Zeiten der Berliner Republik" (DER SPIEGEL Nr. 51/2007, 21-36). Das ganze Heft stand unter dem Motto „Die Gerechtigkeitslücke". Besagter Befund läßt sich auch nicht so ohne weiteres mit der Diagnose wegdiskutieren, der man häufig in gutsituierten Kreisen begegnet: „Die Leute haben zu hohe Ansprüche". Sicherlich kann man die Existenz dieses Phänomens nicht leugnen. Allerdings kommt es ja wohl in nicht geringerem Maße gerade auch bei vielen unter denjenigen vor, die mit erhobenem Zeigefinger das Engerschnallen des Gürtels empfehlen – meist bei anderen natürlich, bei solchen, die sozial unter ihnen stehen!

Was soll man denn zu politischen Zuständen sagen, wo Sparkasse für Sparkasse und Bank für Bank in die wirtschaftliche Krise geraten, weil deren Verantwortliche, um entsprechende Prämien zu kassieren, hochspekulative Geschäfte abgeschlossen haben, die dann wie Seifenblasen platzten? In Bonn sehen sich die politischen Autoritäten im Frühjahr 2008 außer Stande, ein herrlich gelegenes Freibad, das Melbbad, welches im Sommer Tausenden von Menschen, vor allem Familien und Jugendlichen, eine sinnvolle sportliche Betätigung und beliebte

---

[101] Robert Spaemann, Substanzialität und Subjektivität – Denker der Entzweiung: Zum hundertsen Geburtstag des Philosophen Joachim Ritter, in: Tamen! Gegen den Strom. Günther Rohrmoser zum 80. Geburtstag, 492.

Freizeitgestaltung ermöglicht, für 1,5 Millionen Euro zu reparieren[102], während auf der anderen Seite mit Köln zusammen für die Sanierung der gemeinsamen Stadtsparkasse ein hoher zweistelliger Millionenbetrag aufzubringen ist! Was soll man dazu sagen, daß Bund und Länder mittlerweile offenbar über 100 Milliarden Euro an öffentlichen Geldern in Banken investieren müssen, damit deren Mißmanagement nicht den wirtschaftlichen Zusammenbruch des gesamten Gemeinwesens nach sich zieht?[103] Bundespräsident Horst Köhler gestand jüngst in einem Interview mit dem STERN das ganze Ausmaß der Krise ein, die mehrfach verharmlost wurde: „Wir waren nahe dran an einem Zusammenbruch der Weltfinanzmärkte. Das wird auch noch Schleifspuren in der Realwirtschaft nach sich ziehen. Das einzig Gute an der Krise ist: Jetzt muss jedem verantwortlich Denkenden in der Branche selbst klar geworden sein, dass sich die internationalen Finanzmärkte zu einem Monster entwickelt haben, das in die Schranken verwiesen werden muss… Auf einmal braucht es den Staat, um weitere Kapitalvernichtung und dann auch Arbeitsplatzvernichtung zu verhindern."[104] Als ehemaliger Bankfachmann weiß der Bundespräsident wohl, wovon er spricht! Fühlt man sich angesichts solcher Perspektiven, auch wenn man an sich durchaus kein Anhänger jenes Philosophen aus Trier und seiner Schüler ist, nicht in der Tat an den berühmten Vorwurf von Marxisten[105] an die Adresse des

[102] Unmittelbar vor Drucklegung dieses Bändchens verkündete eine Lokal – und Regionalzeitung: „Das Melbbad wird 2009 wieder eröffnen." (General-Anzeiger vom 14./15 Juni 2008, S. 6) Diese Erklärung wurde genau einen Tag vor der geplanten großen Demonstration Bonner Bürger in die Presse lanciert. Zufall? Oder wird uns hier nicht einmal wieder gezeigt, daß wir Bürger nicht ganz so ohnmächtig sind, wie viele heute glauben, die angesichts oft bedrückender Verhältnisse, menschlich irgendwie verständlich, resigniert haben? Wir werden natürlich die Einhaltung der Zusage und die weitere Entwicklung mit Argusaugen verfolgen!

[103] Für die letzten beiden Fälle verzichte ich auf Quellenangaben, da die genauen Zahlen voneinander abweichen. Ich habe daher aus dem mir vorliegenden Material Durchschnittszahlen errechnet bzw. die Angaben recht allgemein gehalten.

[104] Das Interview datiert vom 15. Mai 2008. Es war am selben Tag elektronisch abrufbar unter:
www.bundespraesident.de/Reden-und-Interviews-,11057.645252/Bundespraesid...

[105] Eine nützliche, ganz knappe Zusammenfassung der nach Karl Marx mit dem Kapitalismus verbundenen Probleme findet man bei Walter Theimer, Der Marxismus, Lehre – Wirkung – Kritik, 8. Aufl. Tübingen 1985, 19-22. Sehr gut zum Marxschen Denken allgemein und seinen historischen und geistesgeschichtlichen Hintergründen ist auch die konzise (und zugleich kritische) Darstellung bei Günter Schmölders, Ge-

Kapitalismus erinnert, er mißbrauche den Staat als Sicherung seines maroden Systems und ggf. zu dessen Sanierung?[106]

Der Neutestamentler Klaus Berger hat vor kurzem aus dem Geist der Hl. Schrift ausgewogene Worte an die Unternehmer gerichtet, von denen man nur hoffen könnte, daß sie allseits beachtet würden – in ihrem ersten Teil übrigens auch von vorschnellen Kritikern jedes freien (und zugleich sozial eingebundenen) Unternehmertums: „Dem Beruf des Unternehmers verdankt das Evangelium Anregungen[107], und es äußert sich auch kritisch. Was die Anregungen betrifft, so lässt Jesus gar keinen Zweifel daran, dass er das große Engagiertsein, die sich über Tag und Nacht erstreckende Sorge und Wachsamkeit, die kompromisslose Aktivität über alles schätzt und zu würdigen weiß. Das Eingespanntsein des Unternehmers ist für ihn ein positives Bild, an das er gerne anknüpft. Gleichzeitig weiß Jesus: Diese Art von Engagement und Liebe kann zur schärfsten Konkurrenz des Glaubens werden. Nicht andere Religionen oder Philosophien, sondern das Managertum ist die wahre Konkurrenz des Christentums.[108] Vergötzung des Geldverdienens ist Götzendienst. Diese Einschätzung des Menschen hat sich im Blick auf die dann folgenden zwei Jahrtausende als sehr realistisch erwiesen." Und einige Seiten weiter wendet sich Berger direkt an die Unternehmer mit folgendem Appell: „Verwandelt euren maximalen Eifer für das Kapital in maximales, phantasievolles Engagement zugunsten von mehr Gerechtigkeit. Genau den Eifer, den ihr im Kapitalismus der Raubtiere[109] zeigt, genau diesen Feuereifer übertragt auf Gottes gerechtes Regiment, verwandelt ihn in einen heilvollen Feuereifer."[110]

---

schichte der Volkswirtschaftslehre – Überblick und Leseproben, Hamburg 1962, Kapitel „Wissenschaftlicher" Sozialismus: Karl Marx (1818-1883), 46-57.

[106] Der Vorwurf, der Staat geriere sich als „Reparaturbetrieb des Kapitalismus", wurde vor allem vom sog. Stamokap-Flügel der Sozialisten in der zweiten Hälfte des vorigen Jahrhunderts erhoben.

[107] Zuvor waren Stellen wie Luk 16, 9-11 oder 19,11-26 erwähnt worden.

[108] Diese Bemerkung, obgleich sie eine gute Portion Wahrheit enthält, scheint mir etwas überpointiert zu sein. Auch falsche Religionen und Philosophien darf man keineswegs verharmlosen! Vermutlich möchte Berger das auch gar nicht suggerieren, man könnte den Satz jedoch leicht in einem solchen Sinn mißverstehen.

[109] Zu diesem Thema hat Robert Reich, Ex-Arbeitsminister der Regierung Bill Clinton, ein lesenswertes Buch vorgelegt, das allerdings angesichts häufiger Wiederholungen um einiges hätte gekürzt werden müssen: Superkapitalismus – Wie die Wirtschaft unsere Demokratie untergräbt. Dt. Ausgabe Frankfurt/M. 2008. Reichs Grundthese, sowohl Aktionäre als auch Konsumenten seien mit an der Misere schuld, ist nicht von der Hand zu weisen. Auf der einen Seite steht das Streben nach immer mehr Gewinn und auf der anderen Seite der Wahn, ein immer größeres Angebot bei gleicher Qualität

Wenn wir staatliche Eingriffe wie oben gesehen fordern, hat das gar nichts, wie uns vielleicht mancher Wirtschaftsliberaler vorhalten wird, mit sozialistischem Denken zu tun, wenn es auch auf den ersten Blick so aussieht und es in der Tat gewisse Parallelen geben mag! Solches Eingreifen ist vielmehr gerade auch vom katholischen Subsidiaritätsprinzip vorgesehen, ja wesenhaft mit ihm seit langem verbunden. Man lese nur noch einmal die Sozialenzyklika Papst Pius XI. „Quadragesimo anno"!

Zum Prinzip solcher Eingriffe schrieb Nikolaus Monzel, Professor für Christliche Gesellschaftslehre zunächst in Bonn und dann in München, in einem Aufsatz aus dem Jahre 1953 mit dem Titel „Die freie Konkurrenz"[111] ganz zu Recht: „Der echte Leistungswettbewerb kann eben nur bestehen, wenn ein starker Staat einen festen Rahmen dafür schafft und jedem Versuch einer Pervertierung der Gewerbefreiheit entgegentritt. Da die freie Konkurrenz nur funktionieren kann, wenn der Staat sie durch gesetzliche Maßnahmen sichert, wird man ihr wegen solcher staatlicher ‚Eingriffe' dennoch die Bezeichnung ‚frei' nicht versagen dürfen. Eine absolute Freiheit schlägt in ihr Gegenteil über. Der klassische Liberalismus hatte die Notwendigkeit der gesetzlichen Sicherung des freien Wettbewerbs verkannt, weil er eine zu optimistische Auffassung vom Menschen hatte."

---

noch billiger erhalten zu wollen (Motto à la Firma Saturn: Geiz ist geil! Traditionell gehört die *avaritia* hingegen zu den sieben Kardinallastern des Menschen, und nach 1 Tim 6,10 ist die Geldgier, die *philargyria*, sogar die Wurzel allen Übels); ja im Zweifelsfall entscheiden sich in Deutschland 67 % der Konsumenten sogar beim Lebensmitteleinkauf für den günstigeren Preis und nicht für die bessere Qualität (Focus 24/2007)! Besagte Tendenzen treiben Unternehmen vielfach in einen ruinösen Wettbewerb und erzwingen manchmal geradezu die Verlagerung von Arbeitsplätzen ins Ausland. Um sich gegen die Konkurrenz durchzusetzen, übt man auf die Politiker durch Lobbyisten immer stärkeren Druck aus. Die Demokratie bleibt auf der Strecke! Leider neigt Reich in gut liberaler Manier dazu, das Handeln der Verantwortlichen in den Unternehmen allzu wertfrei und nur von den Gesetzen des Marktes bestimmt zu sehen. Hier wäre eine Besinnung auf die christliche Soziallehre vonnöten. Es ist kein Wunder, daß die Begriffe „Solidarität" und „Subsidiarität" nicht ein einziges Mal vorkommen. Ein durchkomponiertes Konzept der „sozialen Marktwirtschaft" scheint dem jetzt an der University of California lehrenden Wirtschaftswissenschaftler eher fremd zu sein. Jedenfalls spricht er stets nur vom „Kapitalismus", auch wenn er dessen frühere, gutgeheißene Form meint. Implizit finden sich allerdings Elemente, die wir einem System der „sozialen Marktwirtschaft" zuordnen würden.

[110] Klaus Berger, Die Wahrheit ist Partei – Öffentliches Handeln und biblische Weisheit, Freiburg/B. 2007, 66 und 75.

[111] Zuerst erschienen in: Die Kirche in der Welt 6/1953, dann wiederabgedruckt in: Nikolaus Monzel, Solidarität und Selbstverantwortung – Beiträge zur christlichen Soziallehre, München 1959, 140-155, Zitat 148.

Wenn hier vom „starken Staat“ die Rede ist, bedarf dies vielleicht noch einer Erläuterung. Der katholische Sozialwissenschaftler Anton Rauscher hält sie in seinem Artikel „Subsidiarität“ des „Staatslexikons“ der Görresgesellschaft (7. Aufl., Bd. 5/1995, 387 f.) bereit: „Die Formel ‚So viel Staat wie nötig, so wenig Staat wie möglich’ richtet sich gegen totalitäre und zentralistische Systeme, sie darf aber nicht als ein Plädoyer für einen schwachen Staat oder für einen unbedingten Vorrang der je kleineren gesellschaftlichen Einheit mißverstanden werden… Bischof W. E. v. Ketteler und dann Pp. Leo XIII. haben das wirksame Eingreifen des Staates zugunsten der Arbeiterschaft gefordert. Entscheidend kommt es freilich darauf an, ob der Staat durch seine Gesetze und Leistungen anregend eingreift, ob er Hilfe zur Selbsthilfe gibt[112] oder ob er die Wirtschaft, die Industrien und Unternehmen mehr und mehr in seine Abhängigkeit zwingt, die Gestaltungsmöglichkeiten und die freien Spielräume zunehmend einschränkt und damit auch die Initiative und die Eigenverantwortung erdrückt. Nicht nur eine Zentralverwaltungswirtschaft widerspricht dem Prinzip der Subsidiarität, sondern ebenso ein Staat, der die wirtschaftlichen Prozesse, anstatt sie auf das Gemeinwohl hin zu koordinieren, dirigistisch zu steuern sucht. Auch eine Sozialpolitik, die nicht einen Ausgleich zwischen Leistungsstarken und Leistungsschwachen herbeiführen, sondern bei den Bürgern, anstatt sie zur Eigenvorsorge für die Risiken des Lebens zu ermuntern, durch den immer weiteren Ausbau der öffentlichen Sicherungssysteme… eine Versorgungsmentalität wecken würde, wäre alles andere als subsidiär. Die Überforderung des Sozialstaates rührt auch daher, daß das Subsidiaritätsprinzip nicht genügend beachtet wird.“

Anhand der Soziallehre des Vorgängers Papst Benedikts XVI., die in den aufgezählten Punkten ganz der traditionellen Position entspricht, hat der katholische Sozialwissenschaftler Wolfgang Ockenfels O.P. noch einmal daran erinnert, welche Aufgaben nach christlicher Vorgabe nunmehr dringender denn je in unserem Staat zu erfüllen wären; dabei nimmt er zu Recht weder auf die Befindlichkeiten „Linker“ noch „Rechter“ Rücksicht: „Für die deutsche Sozialpolitik beispielsweise wären die Gedanken *Johannes*

---

[112] „Hilfe zur Selbsthilfe“ ist eine wichtige Methode der katholischen Soziallehre, die sich aus dem Subsidiaritätsprinzip ergibt. Wie oft wird sie z.B. bei der wirtschaftlichen Zusammenarbeit mit entwicklungsschwachen Ländern mißachtet, die dann nicht lernen, auf eigenen Beinen zu stehen, sondern ständig abhängig bleiben – was manche Konzerne mit Blick auf ihre Absatzmärkte gar nicht ungern sehen! „Hilfe zur Selbsthilfe“ ist übrigens auch der Grundsatz jeder gesunden Pädagogik, wie schon Platon erkannte (Michael Erler, Platon, München 2006, 92); dort mit Bezug auf das Höhlengleichnis aus Platons *Politeia*).

Pauls II. gegenwärtig sehr aktuell. In der sich zuspitzenden Krise des deutschen Sozialstaates, der quantitativ aufgebläht und qualitativ ausgemergelt ist, mag man sich an einige vergessene Einsichten der päpstlichen Soziallehre erinnern: a) an die Ablehnung eines entmündigenden Versorgungs- und Wohlfahrtsstaates; b) an den subsidiären Aufbau der Sozialpolitik, die sich besonders als Familienpolitik bewähren muss; c) an die Beteiligung der Arbeitnehmer am Produktivkapital; 4) an die Sozialpflichtigkeit der Privateigentümer und der Interessenverbände, vor allem hinsichtlich der Arbeitslosigkeit.“[113]

Geld regiert die Welt –
und leider auch immer stärker die deutsche Politik!

Freilich stellt sich für unser Gemeinwesen, wie es sich, oft genug im Widerspruch zu Buchstaben und Geist des Grundgesetzes, mittlerweile präsentiert, die Frage, ob ein im zitierten Sinne „starker Staat“, ohne den sich solche Forderungen gar nicht verwirklichen lassen, bei uns überhaupt noch existiert. Kontrollieren und bestimmen nicht vielmehr diejenigen, die das große Geld besitzen, die Politik immer stärker? Auf Dauer gesehen bringt eine solche Tendenz nicht nur die Sozialsysteme in eine extreme Schieflage (was sich schon mehr und mehr anbahnt), sondern es droht auch die gesamte Gesellschaft verändert zu werden.

Man denke nur daran, wie mittlerweile in Nordrhein-Westfalen die Universitäten umstrukturiert worden sind: Nicht nur, daß man, wie mittlerweile überall in Deutschland, nach angelsächsischem Vorbild Bachelor- und Masterstudiengänge eingerichtet hat[114] und Studiengebühren

[113] Wolfgang Ockenfels, Johannes Paul II. und die katholische Soziallehre. Eine Option für die Armen, in: Franz Breid (Hrsg.), Werk und Vermächtnis Johannes Pauls II., Referate der „Internationalen Theologischen Sommerakademie 2006“ des Linzer Priesterkreises, Augsburg 2006, 184 f. Ich danke Frau Gabriele Boss für das Geschenk dieses Buches.

[114] Das Magazin „DER SPIEGEL“ hat die mit der Studienreform derzeit verbundenen Probleme in der Überschrift einer Titelgeschichte treffend zusammengefaßt: „Reformchaos: Hochschulen werden zu Lernfabriken – Die Turbo-Uni“ (18/2008, 56-69). Dementsprechend hoch liegt auch die Abbrecherquote. Bei allen Studiengängen an deutschen Universitäten zusammengenommen betrug sie im Jahre 2006 20 %, bei den Bachelor-Studiengängen hingegen 25 %; bei den Fachhochschulen ist das Verhältnis noch ungünstiger: 22% zu 39 % (DER SPIEGEL a. O. 65). Und dabei waren doch die Studiengänge u. a. mit dem Argument reformiert worden, in Deutschland brächen zu viele junge Leute ohne Abschluß ihr Studium ab! Was man nicht ausreichend einkal-

erhebt.[115] Nein, die Hochschulen sollen sich sogar selbst verwalten, können demnach auch insolvent werden. Und damit das alles gut funktioniert, werden wesentliche Entscheidungen von einem Hochschulrat gefällt, der sich beispielsweise in Bonn aus zehn Mitgliedern zusammensetzt, von denen nur drei Professoren der Rheinischen Friedrich-Wilhelms-Universität sind, die anderen hingegen von außen kommen. Gesetzlich vorgeschrieben wäre nur eine mindestens paritätische Besetzung gewesen, wobei allerdings das Amt des Vorsitzenden auf jeden Fall von einem externen Mitglied übernommen werden muß. Dieses Gremium wählt den Rektor, der auch von außen kommen kann, und übt die Aufsicht über seine Geschäftsführung aus. Und bei dieser neuen Rechtslage ist es ja wohl kein Zufall, daß in Bonn von den sieben auswärtigen Mitgliedern bereits drei in der Wirtschaft tätig sind, unter ihnen ein Vertreter der Telekom und einer der Post. Der Einfluß von Kapitalvertretern ist aber künftig im Bedarfsfall sicher noch ausbaufähig! Akademischer Mittelbau und Studentenschaft sind übrigens hier gar nicht mehr vertreten, können allenfalls über den Senat ein wenig mitwirken, der aber seinerseits in wichtigen Fragen durch 2/3 – Mehrheit des

---

kuliert hat: Der durch die Bachelor-Curricula bewirkten Verschulung, die allenfalls Reproduktionsfähigkeit, aber nicht selbständiges, wissenschaftliches Denken fördert, und dem damit verbundenen Leistungsdruck sind viele junge Leute überhaupt nicht gewachsen! Denn so mancher von ihnen hat bis zu seinem zwanzigsten Lebensjahr die unabdingbaren Grundlagen jedes erfolgreichen Arbeitens, nämlich Fleiß, Disziplin und Anstrengung, viel zu wenig kennengelernt und nicht selten sein irdisches Dasein überwiegend als eine Kette von Spaß, Vergnügungen und einer falschen Form von Selbstbestimmung erfahren. Hier hätte man zuerst einmal Änderungen in jüngeren Jahren vornehmen müssen. Aber bringt die Gesellschaft dazu überhaupt noch die Kraft auf? Man denke nur an die jämmerliche Diskussion in NRW über die von der Sache her völlig berechtigten (vielleicht in der Form falsch konzipierten, da zu zahlreichen) sog. Kopfnoten auf den Schulzeugnissen! (siehe Jürgen Liminski, Kopfnoten, Katholische Sonntags*Zeitung* 26/2008, 11) Diese bleiben auch dann richtig, wenn man weiß, daß sie auf Druck von Industrie und Handwerk eingeführt wurden.

[115] Würden diese „Studienbeiträge“, wie sie, jedenfalls in Nordrhein-Westfalen, offiziell heißen, wirklich ausschließlich zur Verbesserung der Situation unserer studierenden Jugend eingesetzt, könnte man m. E. über sie ja noch diskutieren, falls sie nicht zu hoch angesiedelt und sozial verträglich erhoben würden. Dies ist aber ganz offenkundig nicht oder nicht durchgängig der Fall! Vielmehr werden mit den Geldern immer wieder finanzielle Engpässe ausgeglichen, für die die Öffentliche Hand aufkommen müßte. Gegenteilige Behauptungen, die auf wenig repräsentativen Umfragen beruhen, überzeugen kaum. Siehe „Umfrage zu Studiengebühren in NRW: 0,4 Promille Aussagekraft“ (taz vom 10. Juni 2008).

Hochschulrates überstimmt werden kann.[116] Man kann sich da ausrechnen, welche Chancen auf Dauer vermutlich die Geisteswissenschaften haben werden![117] Es fügt sich trefflich in die derzeitige kultur- und

---

[116] Die Informationen über den neuen Hochschulrat sind folgenden Quellen entnommen: 1) Neuer Hochschulrat – Senat entscheidet über Mitglieder des Gremiums, in: Forsch – Bonner Universitäts-Nachrichten, Februar 2008, 4. 2) Interview mit Jörg Haas, Vorsitzendem des Hochschulrates, zu den Aufgaben und Zielen des frisch eingerichteten Aufsichtsgremiums, General-Anzeiger vom 8. April 2008, S. 12.

[117] Heike Schmoll, Redakteurin der FAZ, hat gerade diesen Aspekt in einer großartigen Gesamtabrechung mit der unsinnigen Hochschulreform stark betont, die das Humboldtsche Universitätsideal zerstört und leider bei uns mit „deutscher Gründlichkeit" umgesetzt wird, während man in anderen Ländern die Sache sehr viel lockerer angeht, weil der ganze Unsinn eines Großteils der Neuerungen mehr und mehr deutlich geworden ist. In einer Sendung des SWR 2 vom 15. Juni 2008 um 8.30 Uhr sagte Frau Schmoll unter anderem: „Von welchem Pharmakonzern sollte ein Altphilologe Drittmittel bekommen? Schlimmer noch, er braucht sie nicht einmal, weil ihm der eigene Kopf zum Denken genügt. In einem System, das die Anzahl der eingetriebenen Drittmittel zu einem Qualitätskriterium erhebt, wird derjenige zum Versager, der ihrer nicht bedarf. Der Höhe der eingeworbenen Drittmittel wird inzwischen eine treffendere Aussagekraft über die wissenschaftliche Qualifikation eines Hochschullehrers zugesprochen als einem von ihm verfassten ‚zweiten Buch' nach der Habilitation… Jedenfalls wäre es den Wissenschaftsplanern am liebsten, das alles ließe sich im Fünfjahrestakt abwickeln. Gelingt das nicht, wird so lange evaluiert und die Rechenschaftslegung eingefordert, dass selbst engagierte Forscher mehr mit Bürokratie als mit ihrer eigenen wissenschaftlichen Arbeit beschäftigt sind und oft genug entnervt aufgeben. Die allgemeine Bolognisierung hat diesen Prozess der Orientierung an volkswirtschaftlicher Nutzwertigkeit verschärft. Manche Universitäten haben ihren Status als Volluniversität gefährdet, indem sie nur noch auf die volkswirtschaftlich gewinnbringenden Wissenschaftszweige setzten. Die Umschichtungen der Finanzmittel zugunsten der Lebenswissenschaften und auf Kosten der übrigen Fächer hat manche Traditionsuniversität wie Tübingen ins Schlingern gebracht… Nur allzu schnell werden die Forderungen nach Elite und Exzellenz dazu missbraucht werden, unliebsame Fachrichtungen finanziell auszuhungern… Es ist nicht zu bestreiten, dass sich die Qualität von Forschung und Lehre schwer messen lässt und es für jede Fakultät eigene, fachspezifische Bewertungskriterien geben müsste. Daraus jedoch die Schlussfolgerung zu ziehen, nur noch Absolventenzahlen und Geldströme zu ermitteln, erzeugt nicht nur theoretisch eine riesige Kluft zwischen Anspruch und Wirklichkeit. Es erzeugt auch ein System, das den Universitäten schadet, weil es sie wesens – und wissenschaftsfremd zu einem Unternehmen macht und dem Diktat der neuen Ökonomie (new economy) unterwirft." Der Text der Sendung wurde als Manuskript unter dem Titel „Reform oder Deform? Anmerkungen zu den Veränderungen der Hochschulen" vom Südwestrundfunk, SWR 2 Aula – Manuskriptdienst veröffentlicht. Ich danke Frau Patricia Eiden für die Übermittlung dieser wichtigen und mutigen Stellungnahme.

wissenschaftspolitische Landschaft, daß schon die Streichung von 39 Stellen an der Philosophischen Fakultät der Universität Bonn geplant ist.[118]

Hier liegt ein klarer Trend vor. Auch sonst werden die Geisteswissenschaften immer massiver beschnitten. Denn bei der Mehrzahl von Kapitaleignern und Managern heutigen Typs werden wir ja wohl kaum noch Neigung zu humanistischen Studien, zur Philosophie oder Literatur annehmen dürfen.[119] Vordergründig betrachtet bringen solche Fächer ja

---

[118] Über den Widerstand, den der Ring Christlich Demokratischer Studenten (RCDS) mit der Sammlung von Unterschriften gegen die geplante Streichung leistet, wurde auf derselben Seite des „General-Anzeigers" berichtet, auf der auch das in der vorletzten Anmerkung erwähnte Interview angedruckt war. Allerdings sollen die anderen Fakultäten zusammen auch weitere rund 60 Stellen abgeben. Trotzdem ist die Benachteiligung der Geisteswissenschaften auffällig. Erfreulicherweise fand am 28. Mai 2008 gegen die Streichungspläne eine völlig gewaltfreie und einigermaßen niveauvolle Demonstration statt, an der immerhin etwa 500, naturgemäß eher politisch links stehende Studenten teilnahmen. Ein erster bescheidener Erfolg stellte sich sogleich ein: In der Lokalpresse stritten sich anschließend Landesregierung und Universitätsleitung über die Verantwortung für die Kürzungen.

[119] Vor einigen Jahrzehnten war dies oft noch anders. Man lese nur einmal jene Zeugnisse von Männern des Wirtschaftslebens zugunsten einer Beschäftigung mit Sprache und Kultur der Hellenen, die in dem vom Deutschen Altphilologenverband 1989 herausgegebenen Heft „Griechisch heute – Ein Schulfach für Gegenwart und Zukunft" zusammengetragen worden sind (14-16)! Heute plädieren erstaunlicherweise gerade manche Grüne für die Alten Sprachen, wie eine Gruppe aus Baden-Württemberg in einem Antrag an die Landesregierung! Ihre Begründung lautete: „Als Schlüsselfächer der geistigen Tradition Europas könnten Latein und Griechisch damit eine neue Bedeutung für das künftige Europa gewinnen." (Grüne für Griechisch, FAZ vom 9. Nov. 2007, S. 5) Man wünscht offenbar zu Recht, daß sich das vereinigte Europa nicht nur als ein Schutz- und Trutzbündnis für die Interessen der Großkonzerne positioniert! Immerhin stieß auch ein Heft der Reihe „Spiegel Special - Geschichte" (2/2008) mit dem Thema „Götter, Helden, Denker – Die Ursprünge der europäischen Kultur im antiken Griechenland", in dem hervorragende Fachgelehrte allgemein verständliche Beiträge veröffentlichten, auf reges Interesse (ich danke Herrn Jochen Kütter, Teilnehmer an meiner Griechischübung in diesem Sommersemester, herzlich für das Geschenk eines Exemplars).

Immerhin hat der altsprachliche Unterricht an den Gymnasien in den letzten Jahrzehnten z. T. erhebliche Zuwachsraten zu verzeichnen. So stieg nach den Angaben der Pressestelle des Statistischen Bundesamtes vom 4. Sept. 2007 die Zahl der Schüler, die Latein lernen, vom Schuljahr 2000/2001 bis zum Jahre 2007 um 30,7 Prozent! (Quelle: Forum Classicum 50,3/2007, 163). Es lassen sich natürlich auch gerade für das Lateinische eine ganze Reihe von Gründen anführen, die selbst stärker oder gar rein utilitaristisch denkenden, „neokonservativ" oder, besser gesagt, „neoliberal" eingestellten Zeitgenossen gut zu vermitteln sind, z. B. das Erlernen einer gewissen

ökonomisch auch wenig, sie tragen nicht auffällig zur Erhöhung des Bruttosozialproduktes bei und dienen damit den Kapitalinteressen nicht im gewünschten Maße. Nein im Gegenteil, sie helfen sogar noch mit, einen „kritischen“ Geist bei jungen Menschen zu fördern (dieser kann durchaus positiv, ja sogar im christlichen Sinn verstanden werden!), der dann gesellschaftliche Fehlentwicklungen vielleicht nicht so ohne weiteres hinnimmt und gar (ethisch unverantwortliche) Produktionsabläufe und Geldgeschäfte behindern könnte.[120] Mein verehrter, mittlerweile verstorbener

---

Denk- und Verhaltensdisziplin, die Förderung muttersprachlicher Kompetenz, die leichtere Erlernbarkeit vieler moderner Fremdsprachen, das soziale Prestige des Faches usw. Friedrich Meier hat solche oder ähnliche Überlegungen– neben tiefergehenden Argumenten – alle jüngst noch einmal auf knappem Raum zusammengestellt (Warum Latein? Zehn gute Gründe. Reclam-Verlag Stuttgart 2008, vgl. auch seinen Aufsatz „Die Lateiner kehren zurück – Untersuchungen zur steigenden Beliebtheit eines Unterrichtsfaches“, in: Mitteilungsblatt des Deutschen Altphilologen-Verbandes, Landesverband Nordrhein-Westfalen 56, 1-2/2008, 20-32. Meier betont hier das Interesse der Eltern vor allem an der sprachlichen Kompetenz ihrer Kinder und den damit verbundenen transferorientierten Leistungen, was manchem heutigen Latinisten an Schule und Hochschule zu denken geben sollte!). Die Frage ist nur, ob es sich beim derzeitigen Boom des Lateins (und, auf wesentlich niedrigerem Niveau, auch des Griechischen) nicht nur um eine kurzfristige Blüte handelt, die auch schnell wieder vergehen kann. Eine gewisse Schwächung des Faches könnte sich schon durch das Projekt des Abiturs nach zwölf Schuljahren ergeben (siehe z. B. die Warnungen von Pater Maurus Kraß, Schulleiter des Benediktinergymnasiums Ettal: „Humanistische Bildung gefährdet“, in: Die Tagespost vom 14. Mai 2008, S. 2). Vor allem erscheint es eher als unwahrscheinlich, daß das unsere Politik immer stärker bestimmende international verflochtene Großkapital, dessen Vertreter sich um gewisse heute noch existierende deutsche Traditionen wenig scheren werden, bereit ist, in solche Bildung auch langfristig die notwendigen Summen zu investieren. Vielleicht hilft da ein Hinweis auf die Möglichkeit, mit Hilfe des Lateinunterrichts die Jugendkriminalität zu senken, wie dies im amerikanischen Indianapolis gelungen zu sein scheint und jetzt vom Londoner Bürgermeister Boris Johnson auch für Großbritannien vorgeschlagen wurde (Gina Thomas, Jugendkriminalität in London - Salvator Latein, FAZ NET vom 9. Juni 2008).

[120] Allerdings muß man zugeben, daß sich leider manche geisteswissenschaftlichen Fächer und bestimmte Methoden geisteswissenschaftlichen Arbeitens auch selbst diskreditiert haben, und zwar u.a. durch zu nahe Anlehnung an die 68-er Bewegung und deren Denken. Daran erinnerte jüngst zu Recht der Germanist und Bildungshistoriker Hans – Albrecht Koch. In diesem Zusammenhang erwähnte er auch eine gewisse Verachtung naturwissenschaftlicher und technischer Disziplinen durch Vertreter der Reformbewegung sowie die ungeheure Noteninflation in vielen Fachbereichen Philosophischer Fakultäten, durch die die Seriosität der akademischen Bildung in Frage gestellt wurde (Die Universität: Geschichte einer europäischen Institution, Darmstadt

Griechischlehrer Dr. Friedrich Richter, der einem breiteren humanistisch gebildeten Publikum durch die von ihm mitverfaßte hervorragende Ars Graeca-Grammatik bekannt ist, pflegte etwas zu sagen, was mich das ganze Leben über bis heute begleitet und geprägt hat. Neben der Vermittlung der griechischen Grammatik und Literatur, so versprach er uns Pennälern, werde er mit dazu beizutragen, das wir in möglichst vielen Lagen unseres Lebens begründet „Ja" oder „Nein" sagen könnten. Wir sollten also - auf Griechisch - „kata ton logon prattein", „gemäß der Vernunft handeln" lernen, oder lateinisch ausgedrückt, „secundum rationem agere" – übrigens ein Lieblingsgedanke auch des hl. Thomas von Aquin. Genau das aber scheint man in bestimmten einflußreichen Kreisen gar nicht mehr zu wünschen! Höchstens darf's noch ein bißchen Ethik sein (die ja tatsächlich auch in erstaunlichem Maße personalmäßig an Schule und Hochschule ausgebaut wird), sozusagen als Feigenblatt und vor allem, damit wir uns nicht gegenseitig die Schädel einschlagen und damit das Wirtschaftsleben, z. B. durch die Vermittlung bestimmter Tugenden (gegen die an sich natürlich nichts zu sagen ist, im Gegenteil!), in geordneten Bahnen abläuft.

Vor allem darf die allgemeine Bildungsphase nicht zu lange dauern und nicht zu viel kosten. Daher plädiert man jetzt allenthalben mit dem Hinweis auf die Situation in anderen europäischen Ländern für das Abitur nach 12 Schuljahren (sog. G 8-Modell) – die DDR läßt grüßen! Ferner möchte man den Durchschnittsstudenten nach drei Jahren Hochschulverbleib in einem weitgehend verschulten Studium[121] und mit Bachelor-Abschluß am

2008, 239 f.). Ja man kann sogar noch einen Schritt weiter gehen. Der amerikanische Gelehrte E. D. Hirsch hat in seinem wegweisenden Buch „Validity in Interpretation" (Yale University Press 1967, deutsche Übersetzung unter dem Titel „Prinzipien der Interpretation", München 1972) die stark subjektivistische Komponente der meisten modernen Hermeneutikkonzepte beklagt und die Konsequenz aufgezeigt, zu denen solche Theorien für die Reputation der Geisteswissenschaften führen: „Sie tragen dazu bei, die schädliche Ansicht zu verbreiten, daß es so etwas wie einen hohen Grad an Richtigkeit in geistigen Dingen nicht gebe, daß jeder die Probleme ruhig auf seine Weise sehen könne. Sie laufen jener strengen Disziplin zuwider, die für jede wirkliche Kultur unabdingbar ist: Sie bestärken uns in unserer gewohnten Eigenwilligkeit und Exzentrität, die unserer Intellligenz schaden und das Vertrauen, das ernsthafte Leute in uns setzen, untergraben." (a. O. 10). Weiteres zu dieser Problematik, siehe Verf., Subjektivismus und Hermeneutik, UVK 23/1993, 384-390.

[121] Diese Kritik ist zu Recht schon mehrfach geäußert worden, so z.B. in dem oben bereits erwähnten SPIEGEL-Artikel (18/2008) „Reformchaos: Hochschulen werden zu Lernfabriken - Die Turbo-Uni." Julian Nida-Rümelin, Politologe an der Universität München, erklärte hierzu: „Wir gefährden, zumindest in den Geisteswissenschaften, auch in einem Teil der Sozialwissenschaften, die Wissenschaftskultur durch ein

liebsten sogleich in die Berufswelt entlassen. Bei diesen neuen Tendenzen ist eine unheilige Allianz aus Kapitalismus und Sozialismus am Werk: Die einen wollen für die Bildung nur so viel ausgeben, wie es ihren finanziellen Interessen zu nützen scheint. Die anderen träumen im Rahmen ihrer Gleichheitsideologie wie seit eh und je davon, alle oder wenigstens möglichst viele Jugendliche zum Studium heranzuziehen, das dann natürlich nur quantitativ und qualitativ abgespeckt angeboten werden kann. Ein „katholisches" Modell würde wieder einmal einen anderen Weg gehen, und zwar im doppelter Hinsicht: Ziel wäre einerseits die Bereitstellung ausreichender finanzieller Mittel für die Bildung. Vor allem müßten diese nach dem Solidaritäts- und Subsidiaritätsprinzip Jugendlichen aus ärmeren Elternhäusern zur Verfügung gestellt werden. Der Zugang zu bestimmten höheren Bildungsgängen bliebe dann aber auf der anderen Seite denen vorbehalten, die nachweislich dafür begabt sind. Selbstverständlich müßte eine solche Regelung auch auf die „Besserverdienenden" angewandt werden. Es ginge nicht an, daß der reiche Dumme und Faule, wenn wir es einmal drastisch formulieren dürfen, studieren könnte, dem Armen mit denselben Anlagen der Zugang zur Universität aber verwehrt würde.

Ein Spezialfall wirtschaftlicher Orientierung statt solidarischer Politik: Die Stammzellenforschung

Wenn die von der gewissensgeleiteten Vernunft gesetzten Barrieren immer stärker wegfallen und es vor allem nur noch um Geld und, oft damit verbunden, Ansehen und Macht geht, dann kann man schließlich, um eine Bonner Spezialität zu erwähnen, sogar unbedenklich mit gezeugten Menschen im Frühstadium ihres Lebens umgehen, den Schwächsten der Schwachen versagt man die menschliche Solidarität. Dies geschieht ja bei der Stammzellenforschung des Professors Oliver Brüstle gerade an meiner Bonner Alma Mater, einem Zentrum derartiger Praktiken, das sich um besondere „Exzellenz" bemüht. Da hier ungeheuerliche Dinge im Gang sind, die der Ethik von 2000 Jahren christlich-abendländischer Tradition diametral entgegenstehen, sei mir zu diesem Thema ein knapper Exkurs gestattet.

Selbstverständlich denkt gerade Brüstle massiv an die kommerzielle Verwertung humaner embryonaler Stammzellen, wenn dies auch zunächst bestritten worden war. So berichtete Stefan Rehder in der Zeitung „Die

---

Übermaß an Verschulung" (Frontal 21 vom 22. April 2008, zitiert nach dem mir vorliegenden Manuskript von Anke Becker-Wenzel, Werner Doyé und Sebastian Gorski).

Tagespost“ am 7. 12. 2006 (S. 9) unter der Überschrift „Mitten ins Portemonnaie“: „Die Entscheidung des Bundespatentgerichts, wesentliche Teile des so genannten Klon-Patents des Bonner Stammzellenforschers Oliver Brüstle zu widerrufen, trifft die bedenkenlosen Befürworter einer verbrauchenden Embryonenforschung dort, wo es sie am meisten schmerzt: Mitten ins Portemonnaie.“ Auch der Druck auf die Parlamentarier, den Stichtag für die Einfuhr derartiger Zellen großzügiger zu handhaben (was ja mittlerweile bedauernswerterweise beschlossen wurde), scheint etwas mit Geld zu tun zu haben, und zwar mit den Fördermitteln, die großzügig aus der EU-Kasse fließen! Darauf machte abermals Stefan Rehder aufmerksam (Keine Frage der Ethik – Will Deutschland weiterhin so hohe Fördergelder aus Brüssel, muss der Stichtag weichen, DT vom 14. Februar 2008, S. 2). Macht es da so viel aus, daß jene Stammzellen in hohem Maße tumorbildend sind, wie der Wiener Molekularpathologe Prof. Dr. Lukas Kenner sauber dokumentiert hat? Man lese z. B. seinen Aufsatz „Keine Aussicht auf Heilung“, der in der Zeitung „Lebensforum“ (83/2007, 5-7) erschienen ist! Dabei scheint das Hauptargument für die Verschiebung des Einfuhrtermins, die bisherigen Stammzellenreihen seien irreparabel verschmutzt, so gar nicht zuzutreffen, worauf abermals Prof. Kenner aufmerksam machte (Stefan Rehder, Kein Mensch fängt rechtlich bei Null an. Bericht über eine interdisziplinäre Tagung im Kardinal-Schulte-Haus in Bensberg, DT vom 24. April 2008, S. 9). Und was sagt man dazu, daß auch von der rechtlichen Ordnung unseres Staates her eigentlich einer solchen Forschung ein Riegel vorgeschoben werden müßte, wie Christian Hillgruber überzeugend ausgeführt hat? (Recht und Ethik vor der Herausforderung der Fortpflanzungsmedizin und ‚verbrauchender Embryonenforschung‘, in: Bürgerliche Freiheit und Christliche Verantwortung. Festschrift für Christoph Link zum siebzigsten Geburtstag, hg. von Heinrich de Wall und Michael Germann, Tübingen 2003, 637-654. Ich danke Herrn Prof. Hillgruber, der in Bonn einen Lehrstuhl für Öffentliches Recht innehat, für einen Sonderdruck dieses wichtigen Aufsatzes). Und wie sieht der Wille des demokratischen Souveräns aus (der an sich natürlich in Fragen der Zehn Gebote, also der von Gott gesetzten Ordnung, gar nicht gegenteilig entscheiden dürfte)? Die klare Mehrheit des deutschen Volkes lehnt die Tötung von Embryonen zum Zweck der Stammzellengewinnung ab, befürwortet aber die sehr erfolgreiche Forschung mit adulten Stammzellen, wofür kein menschliches Leben vernichtet werden muß; die Zahlen sind sogar steigend: 2007: 56, 3

%, 2008: 61 % (Stefan Rehder, Volkes Wille, Lebensforum – Zeitschrift der **A**ktion **L**ebensrecht **f**ür **A**lle 85/2008, 16-18).

Bemerkenswert ist schließlich noch, daß von den drei sog. monotheistischen Religionen Christentum, Judentum und Islam nur das Christentum, und zwar, auf die Hierarchie als ganze bezogen, ausschließlich die katholische Kirche, konsequent und kompromißlos den menschlichen Embryo von der Vereinigung der Samen– mit der Eizelle an als Menschen betrachtet, dessen Leben unbedingt zu schützen ist. Eine abweichende Position der beiden anderen Religionen hängt u. a. mit der Annahme eines falschen, da zu späten Beseelungstermins zusammen. Zu diesem Fragenkomplex liegen verschiedene Beiträge in folgendem Werk vor: Wolfgang Bender, Christine Hauskeller, Alexandra Manzei (Hrsg.), Grenzüberschreitungen/Crossing Borders, Münster 2005. So kommt es, daß auch wir in Deutschland Stammzellenlinien vor allem aus Israel beziehen: Wir wirken also indirekt wieder daran mit, daß Juden getötet werden, diesmal im allerersten Stadium ihres menschlichen Lebens - ein wahrhaft makabrer Treppenwitz der Geschichte!

Es geht eben letztlich, und das sollten auch alle diejenigen nicht vergessen, die den Begriff ständig im Munde führen, um die Würde des Menschen von Anfang an! Das ahnte offenbar selbst der linksliberale „Spiegel“, als er einen Artikel über die politische Debatte zur Stammzellenforschung in der ihm eigenen flapsigen Art mit „Rohstoff der Menschenwürde“ überschrieb (DER SPIEGEL 7/2008, 40). Eine informative und empfehlenswerte Zusammenstellung vieler mit der Stammzellenforschung verbundener Fragen und entsprechender Antworten aus ethisch begründbarer Perspektive findet man in einem Aufsatz von Hubert Hüppe MdB (CDU): Antworten auf häufig gestellte Fragen zur Forschung mit menschlichen embryonalen Stammzellen, ZfL (Zeitschrift für Lebensrecht, hg. von der Juristenvereinigung Lebensrecht e. V.) 17,1/2008, 10-17. Mittlerweile existiert sogar eine Reihe zum Teil umfangreicher Schriften zur Gentechnologie aus christlicher Perspektive. Wenigstens einige wichtige Bücher seien hier genannt: Thomas Hausmanninger - Rupert Scheule (Hg.), …geklont am 8. Schöpfungstag – Gentechnologie im interdisziplinären Gespräch, Augsburg 1999; Biomedizin und Menschenwürde, Stellungnahmen von Ulrich Eibach, Santiago Ewig und anderen Bonner Hochschullehrern, Zentrum für Europäische Integrationsforschung, Bonn 2001; Horst Seidl, Gentechnologie in ethischer Beurteilung, Bonn 2003; Adrienne Weigl, Der preisgegebene Mensch. Überlegungen zum biotechnischen Umgang mit menschlichen Embryonen. Mit einem Vorwort von Robert Spaemann, Gräfelfing 2007; Stefan Rehder, Gott spielen. Im Supermarkt der Gentechnik, Aschaffenburg 2008.

Zum Abschluß dieses Themenkomplexes soll noch eine wichtige Stellungnahme eines katholischen Moraltheologen angeführt werden. Die Zeitung „Die Tagespost“ berichtete am 13. März 2008 auf S. 1 unter der Überschrift „Schavan verteidigt ihren Stammzellenkurs“: „Der Freiburger Moraltheologe Eberhard Schockenhoff mahnte, Embryonen seien keine Objekte, die sich der Mensch zunutze machen dürfe. Die zur Verfügung stehenden ‚überzähligen Embryonen’ seien bereits durch eine Grenzüberschreitung entstanden. Die Politik müsse sich entscheiden, was ihr das Bekenntnis zu Lebensschutz und Menschenwürde wert sei... Der Bonner Stammzellenforscher Oliver Brüstle hingegen bekräftigte, die Wissenschaft brauche Stammzellen aus neueren Stammzellenlinien... Die ‚außerordentlich differenzierte und vielseitige’ Stellungnahme der Deutschen Forschungsgemeinschaft (DFG) sei fast komplett in der Versenkung verschwunden. Schockenhoff hielt dem entgegen, dass die DFG nur Lobbying gegenüber der Politik mache, zielorientiert argumentiere und dabei die adulte Stammzellenforschung vernachlässige.“

Wie recht Schockenhoff mit seiner generellen Ablehnung derartiger Forschungsrichtungen hatte, wurde einige Wochen später auf besonders drastische Weise bestätigt: Es scheint gelungen zu sein, Chimären aus Mensch und Tier zu klonen, die jetzt zur Gewinnung embryonaler Stammzellen dienen sollen.[122] So titelte die Zeitung „Die Tagespost“ am 3. April im Leitartikel auf S. 1: „Forscher schaffen Mensch-Tier-Embryos. Britische Humangenetiker begehen ethischen Tabubruch – Kardinal O’Brien: Monströser Angriff auf die Menschenrechte“. Und noch einmal einige Wochen später erlaubte das Britische Unterhaus mit 336 gegen 176 Stimmen die Forschung mit Embryonen aus Mensch und Tier![123]

Ist es nicht an der Zeit, daß die katholischen Bischöfe nicht nur ständig die gravierenden Fehlentwicklungen publizistisch attackieren und

---

[122] Die Tatsache, daß 99,9 % aus dem Erbgut bereits geborener Menschen und nur 0,1 % aus dem von Kühen zu stammen scheinen, deren Eizellen den “Eizellenmangel” bei Menschen auszugleichen haben (siehe Stefan Rehder, Homo inhumanus, DT vom 24. Mai 2008, S. 2), ändert prinzipiell überhaupt nichts an dem ungeheueren Skandal des Vorgehens. Wer Gegenteiliges behauptet – wie es in den Medien geschehen ist – weiß nicht zwischen Quantität und Qualität zu differenzieren und müßte erst einmal einen Kurs in grundlegender Logik besuchen!

[123] General-Anzeiger vom 20. Mai 2008, S. 2. Zu den neuen Verfahren siehe auch Reinhard Backes, “Hybrid-Embryos”, LebensForum 86/2008, 15 f.

ihnen die katholische Lehre entgegenstellen, sondern daß sie auch ihre letzte und schärfste Waffe im Kampf gegen alle derartigen Barbareien einsetzen? Sie müßten endlich den Mut aufbringen, Kirchenstrafen bis zur Exkommunikation jenen katholischen Forschern und Politikern anzudrohen und ggf. gegen sie zu verhängen, die die Menschenwürde und das Lebensrecht des Embryos mit Füßen treten. Denn dieser ist nichts anderes als ein Mensch im Frühstadium seiner Entwicklung. Und selbst wenn solche Maßnahmen oberflächlich betrachtet keinen sichtbaren Erfolg zeitigen sollten, so wäre doch vor der Welt und vor der Geschichte der Kirche ein Zeichen gesetzt.

Subsidiarität und kirchliche Hierarchie

Nach diesen Ausführungen zu schwersten Fehlentwicklungen der Gesellschaft, die immer mehr und mehr christliche Prinzipen verletzt, kommen wir auf Kardinal Höffners Erläuterung des Subsidiaritätsprinzips zurück, die wir oben zitiert hatten. Interessant ist dort seine Bemerkung zur Anwendung des Grundsatzes im innerkirchlichen Bereich, für die sich Höffner auf Pius XII. berufen konnte. Der Pontifex hatte in seiner Ansprache an die neu ernannten Kardinäle am 20. Februar 1946 zunächst das Subsidiaritätsprinzip mit einem Zitat aus „Quadragesimo anno“ verteidigt. Dort hieß es u. a. „Jede gesellschaftliche Aktivität ist ihrer Natur nach subsidiär. Sie muß als Unterstützung für die Glieder des Sozialkörpers dienen und darf sie nie zerstören und aufsaugen.“ Hieran schloß Pius XII. folgende eigene Bemerkung an: „Wahrhaft klare Worte, die für das soziale Leben in allen seinen Abstufungen gelten, und auch für das Leben der Kirche, unbeschadet ihrer hierarchischen Struktur.“[124]

Daß die katholische Kirche nicht immer im selben Maße wie ein demokratisches Staatswesen dem Subsidiaritätsprinzip folgen kann, dürfte klar sein. Denn das bürgerliche Gemeinwesen als Gesamtgröße baut auf den jeweils unter ihm stehenden sozialen Einheiten von Familie, Dorf, Stadt, Region und eventuell Bundesland überhaupt erst auf. Weitere Gemeinschaften wären z.B. berufsständische Organisationen, Verbände, Gewerkschaften usw. Die Kirche hingegen ist von ihrem Wesen her von oben nach unten, also hierarchisch gegliedert, wie Pius XII. ja auch ausdrücklich betonte; d. h. sie verfügt über ein dreifaches Amt der Lehre, der

---

[124] „Parole veramente luminose, che valgono per la vita sociale in tutti i suoi gradi, ed anche per la vita della Chiesa, senza pregiudizio della sua struttura gerarchica." (AAS 38/1946, 145)

Heiligung und der Leitung (munus docendi, sanctificandi, regendi), das göttlichen Rechts ist. Im Bezug auf den Nachfolger Petri hat daher der katholische Bonner Kirchenrechtler Norbert Lüdecke zutreffend geschrieben: „Die Primatialgewalt ist eine ordentliche, d. h. nicht delegierte, sondern mit dem Amt gegebene, und nicht nur subsidiär, zur Ergänzung unzureichender oder Ersetzung versagender teilkirchlicher Gewalt einsetzbare."[125] Mit Blick auf das Motu proprio „Summorum Pontificum", mit dem Papst Benedikt XVI. den Diözesanbischöfen die Möglichkeit nahm, sich prinzipiell der Feier der traditionellen lateinischen Messe zu widersetzen, führte der Kanonist an anderer Stelle aus: „Ekklesiologisch ist das nicht ungewöhnlich, sondern systemstimmig. Der Umfang diözesanbischöflicher Vollmacht steht – dem römisch-katholischen Verhältnis von Primat und Episkopat entsprechend – zur Disposition des Papstes. Die Vollmacht des Diözesanbischofs umfasst immer soviel, wie der Papst zur Ausübung des Hirtendienstes für erforderlich hält und nicht von Rechts wegen oder durch persönliche Anordnung sich oder anderen Autoritäten vorbehält (c. 381 § 1). Nichts anderes bringt der Papst zum Ausdruck, wenn er den Diözesanbischöfen im Begleitbrief versichert, sein Motu proprio schmälere ihre Autorität und Verantwortlichkeit nicht. Sie ist nie eine autonome, sondern immer petronom *(cum et sub Petro)*.[126]

[125] Norbert Lüdecke, Die Rechtsgestalt der römisch-katholischen Kirche, in: Michael Klöcker/Udo Tworuschka (Hg.), Handbuch der Religionen, München (16. Ergänzungslieferung 2007) – Kirchen und Glaubensgemeinschaften in Deutschland, II – 1.2.3.0, 6. Ich danke Herrn Prof. Lüdecke für einen Sonderdruck dieses nach meinem Dafürhalten recht wertvollen, realistischen Beitrags. Der geneigte Leser mag sich anhand eines wörtlichen Zitats des letzten Abschnitts selbst ein Urteil bilden: „Viele Katholikinnen und Katholiken engagieren sich z. T. kämpferisch und *contra legem* für eine Reformierung dieser Rechtsgestalt nach demokratischen Vorbildern. Sie übersehen: Die Amtskirche ist hinsichtlich ihrer sakrosankten Kernstrukturen nicht nur reformunwillig. Sie ist ihren eigenen dogmatischen Festlegungen gegenüber machtlos und insoweit nicht vorwerfbar reformunfähig. Wo als unaufgebbar mit strafrechtlich gestützter Einforderung von Rechts – und Heilsgehorsam und so als Bestandteil des göttlichen Gründerwillens Gelehrtes geändert würde, geschähe nicht Relativierung oder Reformierung, sondern Selbstaufgabe. Dafür hat die kirchliche Autorität ein ausgeprägtes und realistisches Gespür. Was in kritischer Außenperspektive als Gefangenschaft in eigenen Festlegungen erscheinen mag, ist nach amtlichem Selbstverständnis alternativlose Ursprungstreue." (a. O. 15)

[126] Norbert Lüdecke, Kanonistische Anmerkungen zum Motu proprio *Summorum Pontificum*, in: Liturgisches Jahrbuch 58/2008, 31. Auch hier danke ich wieder dem Autor für das Geschenk eines Sonderdrucks.

Von progressiven Theologen ist die Aussage Papst Pius' XII. gerne aufgegriffen worden. So plädierte Franz Furger für eine stärkere Anwendung des Subsidiaritätsprinzips bei der Kirchenleitung.[127] In Furgers Aufsatz finden sich manche durchaus brauchbare Gedanken (z. B. die Verteidigung der Kirche als einer „societas perfecta",[128] oder die Ablehnung einer radikalen Trennung von Kirche und Staat[129]), zumal der Verfasser prinzipiell an der hierarchischen Gliederung der Kirche festhält. Wenn Furger aber z.B. dafür plädiert, daß „die Frage nach einer vollen Inkulturation des Gottesdienstes eine Antwort eigentlich nur mehr vor Ort und nicht mehr von einer Zentrale her finden" könne[130], dann sind die Grenzen einer legitimen Forderung nach innerkirchlicher Anwendung des Subsidiaritätsprinzips weit überschritten. Damit soll nicht bestritten werden, daß die jeweils höhere Ebene in der kirchlichen Hierarchie da, wo nicht eine notwendige kirchliche Praxis oder gar göttliches Recht entgegenstehen, der nächst tieferen Ebene bei der Umsetzung ihrer Aufgaben jene Freiheit lassen soll, deren sie für eine engagierte und effiziente Bewältigung bedarf.

Unterschied Subsidiarität - Solidarität

---

[127] Subsidiaritätsprinzip – Gestaltungsprinzip nur für die weltliche Gesellschaft oder auch für die Kirche? In: Klemens Richter [Hg.], Das Konzil war erst der Anfang. Die Bedeutung des II. Vatikanums für Theologie und Kirche, Mainz 1991, 159-168.

[128] a. O. 164. Dieses Verständnis der Kirche, das ganz ihrem ursprünglichen und stets gleichbleibenden Wesen entspricht, wenn sich auch bestimmte Elemente erst im Laufe der Zeit entwickelt haben, wird von modernen Theologen meist mit Argwohn betrachtet. Die klare juridische Struktur, die aber ja gerade auch vor Machtmißbrauch schützt, vor allem aber, damit verbunden, die eindeutig hierarchische Gliederung, die keinen Raum für demokratische Experimente läßt (was nicht bedeutet, daß Laien nicht verantwortliche Funktionen in der Kirche und für sie wahrnehmen sollen!), ist vielen heutigen Theologen ein Dorn im Auge. Man lese nur exempli gratia den Abschnitt „Societas perfecta?" im umfangreichen Werk von Jürgen Werbick, Den Glauben verantworten – Eine Fundamentaltheologie, Freiburg/B. 2000, 711-717! Immerhin gibt der Autor zu, daß bestimmte Entwicklungen in der Kirche, die das Selbstverständnis als einer „societas perfecta" gefördert haben, auch die Handlungsfähigkeit der Kirche ad extra, also gegenüber allzu drängenden staatlichen Ansprüchen, sichern halfen (a. O. 713). Diesen Aspekt der Lehre von der „societas perfecta" betonte z. B. auch Papst Leo XIII. in seiner Enzyklika „Immortale Dei" (DH 3171).

[129] a. O. 162

[130] a. O. 165. Das ist übrigens der alte Traum Annibale Bugninis gewesen. Siehe Verf., Die Mär vom antiken Kanon des Hippolytos – Untersuchungen zur Liturgiereform, Köln 1999, 157 f.

Nun gilt es noch, den Begriff der „Subsidiarität“ von dem der „Solidarität“ klar abzusetzen. Ganz knapp hat die Differenz der mittlerweile verstorbene Altmeister der christlichen Soziallehre, Arthur-Fridolin Utz, der Jahrzehnte lang in Freiburg/Schweiz wirkte, in seinem mehrbändigen Standardwerk „Sozialethik“ so zusammengefaßt: „Während das Subsidiaritätsprinzip das Verhältnis *des Ganzen zum einzelnen* oder den einzelnen Gruppen betrachtet, wird durch das Solidaritätsprinzip vordringlich das *gegenseitige* Verhalten der Gesellschaftsglieder im Rahmen des Ganzen ausgedrückt.“[131] Wie die beiden Aspekte des Handelns, sofern es um staatliche Maßnahmen geht, sich gegenseitig ergänzen und stützen, zeigt das neue „Kompendium der Soziallehre der Kirche“ (Nr. 351): „Ohne Subsidiarität kann die Solidarität leicht zum Wohlfahrtsstaat entarten, während die Subsidiarität ohne Solidarität Gefahr läuft, Formen eines egoistischen Regionalismus zu fördern. Um diese beiden grundlegenden Prinzipien zu respektieren, darf das Eingreifen des Staates auf wirtschaftlichem Gebiet weder allzu aufdringlich noch allzu zurückhaltend sein, sondern muss sich an den tatsächlichen Bedürfnissen der Gesellschaft orientieren.“[132]

Die Forderung nach Solidarität in Ansprachen Papst Pius' XII.

Wie ist nun nach allem, was wir erfahren haben, die Forderung nach dem „Sinn für internationale Solidarität“ in GS 57 zu beurteilen? Zunächst müssen wir noch überprüfen, ob sich des Begriffs „Solidarität“ nur einzelne Vertreter der katholischen Theologie in der Vergangenheit, und wie wir sahen, durchaus auch schon vor dem II. Vatikanischen Konzil bedient haben, oder ob der Ausdruck und das dahinter stehende Konzept auch vorkonziliar bereits vom Lehramt, vornehmlich von den Päpsten in Rom verwendet wurde.

Letzteres ist in der Tat der Fall. Mit Blick auf eine gesunde wirtschaftliche Ordnung anerkannte Papst Pius XII. im Jahre 1956 auf dem ersten Kongreß des Internationalen Wirtschaftswissenschaftlerverbandes den Geist der Solidarität bei vielen Menschen: „Tatsachen der jüngsten Vergangenheit haben übrigens gezeigt, in welchem Grad selbst bei den einfachsten und ärmsten Leuten Solidarität und Opfergeist in Taten

---

[131] Arthur-Fridolin Utz, Sozialethik (mit internationaler Bibliographie). 1. Teil: Die Prinzipien der Gesellschaftslehre, 2. Aufl. Heidelberg u. Löwen 1964, 314 f.

[132] Päpstlicher Rat für Gerechtigkeit und Frieden, *Kompendium der Soziallehre der Kirche*, dt. Ausgabe Freiburg/B. 2006, Nr. 351, S. 257.

ergreifenden und heroischen Großmutes Ausdruck fanden."[133] Im französischen Original der Rede steht an der uns besonders interessierenden Stelle ebenso der Begriff „Solidarität": „...la solidarité et le dévoûment s'exprimaient en des gestes de générosité émouvante et héroïque."[134]

Ja der große Pacelli-Papst kannte sogar und anerkannte die Pflicht der Christen, auch an der Solidarität der Nationen untereinander mitzuwirken. In seiner Weihnachtsansprache vom 22. Dezember 1957 forderte er strikte Friedensbemühungen unter den Völkern und ihren Regierungschefs ein: „Das göttliche Gesetz der Harmonie in der Welt legt allen Staatsoberhäuptern die strenge Verpflichtung auf, den Krieg durch geeignete internationale Einrichtungen zu verhindern, unter wirksamer Überwachung die Rüstungen einzuschränken, durch zuverlässige Solidarität unter den Nationen, die aufrichtig den Frieden wollen, einen jeden abzuschrecken, der im Sinne hätte, den Frieden zu stören."[135] An der entscheidenden Stelle steht hier im italienischen Original: „(La legge divina dell'armonia nel mondo impone strettamente a tutti i governanti dei popoli l'obbligo... di atterrire chi intendesse turbare la pace) con la sicurissima solidarietà tra le nazioni che sinceramente la vogliono."[136] Die Originalsprache, in der das päpstliche Dokument vorliegt, ist also ganz eindeutig.

Auch bei weiteren Gelegenheiten bediente sich Pius XII. des Begriffs „Solidarität" im Sinne einer wichtigen christlichen Tugend, z. B. in seiner Rede vor den agrarischen Krankenkassen Italiens am 16. Mai 1957, wo er einerseits die „geistige Solidarität" unter den Gliedern der Kirche als „eine der tröstlichsten Seiten des Christentums" bezeichnete, zugleich aber auch mit Blick auf die soziale Absicherung durch die Krankenkassenorganisation ganz allgemein die „tatkräftige Solidarität aller Glieder einer Gemeinschaft" lobte.[137] Spanische Eisenbahningenieure und Eisenbahner ermutigte er in seiner Ansprache vom 17. Mai 1955: „Überdies stehen Sie durch Ihren Beruf stets mit großen Arbeitergruppen in Verbindung, die bei Ihnen ein gutes Beispiel, väterliche Gefühle, eine gerechte Anerkennung ihrer legitimen Ansprüche und jenen Geist der Brüderlichkeit und Solidarität sehen wollen, von dem ein guter Christ ganz durchdrungen ist."[138] An der

[133] Zitat nach: Aufbau und Entfaltung des gesellschaftlichen Lebens – Soziale Summe Pius' XII., hg. von Arthur-Fridolin Utz O.P. und Joseph-Fulko Groner O.P., Freibg./Schw. 1961 (Bd. III), Nr. 6083, S. 3647.

[134] AAS 48/1956, 673

[135] Zitat nach: Soziale Summe Pius' XII., Nr. 4458, S. 2552.

[136] AAS 50/1958, 23.

[137] Zitat nach: Soziale Summe Pius' XII., Nr. 5691 und 5692, S. 3374 und 3375.

[138] Zitat nach: Soziale Summe Pius' XII., Nr. 5798, S. 3446.

Schlußbemerkung sieht man, wie eng der Geist wahrer „Solidarität“ mit dem Christentum verbunden ist!

Der Begriff „Solidarität“ in der Enzyklika „Summi Pontificatus“

Wir haben, was Papst Pius XII. betrifft, bisher nur aus seinen Ansprachen zitiert. Wie sieht es jedoch mit den dogmatisch höherrangigen Enzykliken aus? In der Tat finden sich auch dort positive Erwähnungen der Solidarität. Und zwar handelt es sich sogar um das erste Lehrschreiben des römischen Pontifex mit dem Titel „Summi Pontificatus“ vom 20. Oktober 1939; wir kommen weiter unten auf diesen Text noch einmal in anderem Zusammenhang zurück. An der uns besonders interessierenden Stelle heißt es nun: „Der erste dieser gefährlichen Irrtümer, der heute weitverbreitet ist, liegt darin, daß man das Gesetz der Solidarität und Liebe zwischen den Menschen in Vergessenheit geraten läßt, jenes Gesetz, das sowohl durch den gemeinsamen Ursprung und durch die nämliche Vernunftnatur aller Menschen, gleichviel welchen Volkes, vorgeschrieben und auferlegt ist, wie auch durch das Opfer der Erlösung, das Jesus Christus am Altar des Kreuzes seinem himmlischen Vater für die sündige Menschheit darbrachte.“[139]

Die zitierte deutsche Version ist der amtlichen Übersetzung entnommen. Auffälligerweise ist der Ausdruck „Solidarität“ im lateinischen Original nicht zu finden. Dort heißt es nicht „das Gesetz der Liebe und Solidarität zwischen den Menschen“, sondern (Quorum primum [caput]...oblivione continetur) mutuae illius hominum necessitudinis caritatisque“ (AAS 31/1939, 426). Also ist wörtlich von „jener wechselseitigen Beziehung und Liebe der Menschen“ die Rede. Daß der Papst aber tatsächlich das Prinzip der Solidarität verkünden wollte und nicht etwa eine Selbstherrlichkeit des deutschen Übersetzers angenommen werden müßte, wie mir gegenüber vor einiger Zeit ein an sich gebildeter katholischer Theologe traditioneller Prägung behauptete, zeigt die Tatsache, daß auch in allen anderen Sprachen dieser Ausdruck vorkommt. Dem ist im vorliegenden Fall deshalb besonderes Gewicht beizumessen, weil die Enzyklika in fünf Übersetzungen, und zwar in italienischer, französischer, spanischer, deutscher und englischer Sprache, im offiziellen Publikationsorgan des Vatikans, den „Acta Apostolicae Sedis“, abgedruckt ist, was einen recht

[139] Zitat nach der amtlichen Übersetzung der Enzyklika, die abgedruckt ist in: Mensch und Gemeinschaft in christlicher Schau – Dokumente, hg. von Emil Marmy unter Mitwirkung von Josef Schafer und Anton Rohrbasser, Freiburg./Schw. 1945, Nr. 1297, S. 828.

ungewöhnlichen Vorgang darstellt. Diese Form der Veröffentlichung sollte sicher die Bedeutung steigern, die der Pontifex seinem Rundschreiben für die Mahnung und Warnung vor glaubens- und menschenfeindlichen Machenschaften, vor allem in Deutschland und der Sowjetunion[140], verleihen wollte[141], große Teile der politischen Welt sollten den Text, der die naturrechtlichen Prinzipien menschlichen Zusammenlebens noch einmal klarstellt, in jeweils ihrer eigenen Sprache im offiziellen Organ der römischen Kirche finden. Ich zitiere hier die einzelnen Formulierungen, damit sich der Leser selbst ein Bild machen kann. Im Italienischen heißt es: „quella legge di umana solidarietà e carità" (AAS 31/1939, 462). Die französische Version lautet: « cette lois de solidarité humaine et de charité » (a. O. 490). Im Spanischen lesen wir: « aquella ley de solidaridad y caridad humana » (a. O. 518). Das Englische gibt den lateinischen Text so wieder: „the law of human solidarity and charity" (a. O. 546).

---

[140] Diplomatisch wie die Kirche meist vorgeht (und vorgehen muß, da sie nicht national, sondern universal ausgerichtet ist), wurden die Adressaten zwar für jeden erkennbar angesprochen, aber so, daß Pius XII. sie nicht expressis verbis verurteilte. So mischte sich der Pontifex auch nicht direkt in den Krieg ein, der ja mittlerweile ausgebrochen war. Bemerkenswert sind in einem Klima, das sich seit Jahrzehnten immer wieder als dem Pacelli-Papst feindlich gezeigt hat, folgende Worte des Kirchenhistorikers Burkhart Schneider S.J.: „Während das Verhalten des Papstes im ersten Fall – dem nationalsozialistischen Regime gegenüber – Pius XII. als ‚Schweigen' und als angebliche Unterstützung des Faschismus aus Angst vor dem atheistischen Kommunismus vorgeworfen wurde und wird, überging man den zweiten Fall – die Haltung dem Bolschewismus gegenüber – bezeichnenderweise mit Stillschweigen. Dabei ist die Parallelität der beiden Fälle vollkommen, sowohl was den zeitlichen Ausgangspunkt – der deutsch-russische Vertrag vom 23. August 1939 als notwendige Voraussetzung für die Entfesselung des Krieges – als auch was die Brutalität der Methoden angeht." (Pius XII. – Friede, das Werk der Gerechtigkeit, Reihe *Persönlichkeit und Geschichte* Bd. 47, Göttingen 1968, 60).

[141] Schon Pius XI. hatte gegen beide totalitäre Staatsformen, die des Nationalsozialismus und die des Kommunismus, in kürzestem zeitlichen Abstand jeweils eine deutliche päpstliche Stellungnahme gerichtet: Am 14. März 1937 wandte sich Papst Pius XI. gegen die Rassenlehre der deutschen Machthaber in seinem Rundschreiben „Mit brennender Sorge", dann am 19. März desselben Jahres gegen die Klassenlehre der sowjetischen Diktatur in seiner Enzyklika „Divini redemptoris".

Der Begriff „Solidarität" in Pius' XI. Sozialenzyklika „Quadragesimo anno"

Für einen katholischen Gebrauch des Ausdrucks „Solidarität" kann man aber mindestens noch einen Schritt in der Kirchengeschichte zurückgehen. Es ist uns an dieser Stelle selbstredend nicht möglich, die ganze Geschichte des Begriffs für den katholischen Bereich vorzustellen. Das, was er im christlichen Sinne aussagt, gehört an sich jedenfalls zum Urbestand der Botschaft Jesu Christi und seiner Kirche. So wurde der Ausdruck „Solidarität" auch schon von Papst Pius XI. verwendet, und zwar in dessen bedeutender Sozialenzyklika „Quadragesimo anno" vom 15. Mai 1931. Im Kontext des Wortes geht es um eine vernünftige, vom christlichen Geist getragene Kooperation zwischen Arbeitgebern und Arbeitnehmern, vor allem für den Fall, daß ein Unternehmen in wirtschaftliche Schwierigkeiten gerät. In Nr. 73 heißt es nun nach der deutschen Übersetzung: „Mit vereinten Kräften und in gemeinsamen Beratungen sollen daher alle, Arbeiter wie Unternehmer, die Schwierigkeiten und Hindernisse zu überwinden suchen. Mit klugem Weitblick sollen ihnen die öffentlichen Behörden in diesem überaus heilsamen Werke behilflich sein. Ist aber die Lage äußerst kritisch geworden, dann soll man erst recht überlegen, ob das Unternehmen durchhalten könne, oder ob auf irgend eine andere Weise für die Arbeiter gesorgt werden müsse. Zur Bewältigung dieser fürwahr sehr schweren Aufgabe muß eine Art Notgemeinschaft und christliche Solidarität zwischen Unternehmen und Arbeitern herrschen und sich praktisch bewähren."[142]

Schaut man sich hier wieder das lateinische Original an, ist derselbe Befund wie in „Summorum Pontificum" zu erheben: Der eigentliche Begriff „Solidarität", nach dem wir forschen, fehlt dort. Vielmehr heißt es an der entsprechenden Stelle: „(Quo in negotio, sane gravissimo,) necessitudo quaedam et christiana animorum concordia (inter moderatores et operarios vigeat atque efficaciter operetur oportet)."[143] „Necessitudo quaedam et christiana animorum concordia" würde näher am lateinischen Wortlaut orientiert etwa so lauten: „Eine gewisse Verbundenheit und christliche Eintracht in der Gesinnung". Aber auch hier handelt es sich nicht um eine willkürliche Interpretation von Anton Rohrbasser, auf den die oben zitierte deutsche Übersetzung zurückgeht.[144] Vielmehr hatte unseren Begriff ebenfalls schon die mit kirchlicher Druckerlaubnis herausgegebene Übertragung von 1935 verwen-

[142] Zitat nach: Mensch und Gemeinschaft in christlicher Schau, Nr. 666 a, S. 476.
[143] AAS 23/1931, 201
[144] Siehe: Mensch und Gemeinschaft in christlicher Sicht, 446 Anm. 1

det, die der deutschen Fassung der Sozialenzyklika in der von Karl Haselböck zusammengestellten Reihe „Freude an der Wahrheit" (Nr. 80, Wien o. J. , 25) zugrunde liegt: „Gerade bei dieser schwersten Entscheidung muß sich die innere Verbundenheit und christliche Solidarität von Werksleitung und Belegschaft zeigen und praktisch bewähren." Heinrich M. Robben hatte also recht, wenn er in seinem lesenswerten kleinen Artikel „Christliche Solidarität" in der *Kirchlichen Umschau* (10,10/2007, 12) unsere Stelle als Beleg für den katholischen Gebrauch von „Solidarität" anführte.

Ein philologisches Problem

Wie ist es nun aber zu erklären, daß zweimal, und zwar in den Jahre 1931 und 1939, die landessprachlichen Versionen, soweit sie mir zugänglich waren, alle den Begriff „Solidarität" verwenden, er also zumindest doch in der (katholischen) Luft lag oder mit höchster Wahrscheinlichkeit sogar direkt von den Päpsten gemeint war, dieser aber trotzdem in den (verbindlichen) lateinischen Urfassungen nicht vorkommt? Das hat einen ganz einfachen Grund: Man wollte damals noch ein möglichst den klassischen Normen verpflichtetes Latein schreiben und sich der Neologismen, soweit möglich, enthalten![145]

Daß es sich hier nicht um eine unbegründete Spekulation handelt, legt ein Blick in das grundlegende italienisch-lateinische Wörterbuch des Kardinal A. Bacci nahe, das 1955 in der dritten Auflage unter dem Titel „Lexicon

[145] Daß dies nicht immer möglich war, wenn man ein Phänomen im Lateinischen ganz präzis nach seiner modernen Terminologie bezeichnen wollte, zeigt z.B. die Verwendung der Ausdrücke „individualismus" und „collectivismus" (beide allerdings in Anführungsstriche gesetzt) in der Enzyklika „Quadragesimo anno" (DH 3726). Die hinter solchen Fällen stehende generelle Problematik war schon Erasmus von Rotterdam in der Renaissancezeit nicht verborgen geblieben: „Erasmus erkannte das Problem klarer als die meisten seiner Kollegen. In seinem Dialog *Ciceronianus* (1528) warf er die unangenehme Frage auf, wie ein zeitgenössischer Ciceronianer Institutionen und Gegenstände thematisieren sollte, die es zu Ciceros Zeiten noch gar nicht gegeben hatte. Wie konnte er beispielsweise von Moslems, von Feuerwaffen oder vom Papst reden oder schreiben? Zwei Alternativen boten sich an: Entweder man prägte Neologismen wie *mahometani* oder *bombardae,* oder man übernahm klassische Begriffe, die ursprünglich eine andere Bedeutung hatten, wie *pontifex maximus*. Die eine Lösung klang unelegant, und die andere konnte möglicherweise in die Irre führen, da vage Ähnlichkeiten in der Übersetzung zu etwas Identischem verschmolzen werden konnten." (Peter Burke, Wörter machen Leute – Gesellschaften und Sprachen im Europa der frühen Neuzeit. Aus dem Englischen von Matthias Wolf, Berlin 2006. Das englische Original war 2004 in Cambridge erschienen).

eorum vocabulorum quae difficilius Latine redduntur" erschienen ist und Jahrzehnte lang als ein zentrales Standardwerk für die Gestaltung moderner Texte in lateinischer Sprache galt.[146] Dort ist unter dem Lemma „Solidarietà" so etwas wie „solidaritas", wie man sagen müßte, oder „solidarietas", wie man heute sagt[147], nicht verzeichnet. Vielmehr wird eine größere Reihe von Umschreibungen angeboten, etwa „mutua necessitudo", „mutua animorum conjunctio", „mutua universorum hominum necessitudo", je nach genauer Bedeutung, und viele Ausdrücke mehr. Ähnlich hatte es ja bei Pius XI. „necessitudo quaedam (et christiana animorum concordia)" geheißen, bei Pius XII. „mutua hominum necessitudo (caritasque)".

Und das ist kein Wunder! Denn schon in den 30-er Jahren wirkte der spätere Kardinal Bacci als vorzüglicher Latinist an der sprachlichen Gestaltung der päpstlichen Dokumente mit.[148] Über ihn und seine Leistung schrieb der Münchner Latinist Wilfried Stroh, seinerseits der deutschlandweit wohl beste Kenner des lebendigen Lateins in Theorie und Praxis: „Die stets in Lat., dem *imperialis sermo* (Pius XII.), abgefaßten Papst-Enzykliken, ein Teil der *Acta Apostolicae Sedis,* bieten aber noch fast bis zum Tod des Vatikanlateiners und päpstlichen ‚Ghostwriters' Kardinal Antonio Bacci (1971) eine stilistisch genussreiche Lektüre." Recht hat Stroh leider auch mit der Fortsetzung dieses Satzes: „Seitdem verflacht das sich den Fügungen der modernen Sprachen anpassende Lat., obwohl Paul VI. 1964 ein *Institutum Altioris Latinitatis* eingerichtet hat."[149]

Genau jenen „Fügungen der modernen Sprachen" hatte sich Bacci eben in seiner Liebe zu einer gepflegten Ausdrucksweise nicht angepaßt. Die von ihm gestalteten Texte sollten einen möglichst authentischen „color Lati-

---

[146] Rom 1955, 609. Zu weiteren Wörterbüchern aus jüngerer Zeit, die einem helfen, moderne Begriffe im Lateinischen auszudrücken, siehe oben Anm. 16.

[147] Vgl. ebenso Anm. 16.

[148] Siehe Art. „Antonio Bacci" in: Wikipedia (Stand vom 1. 2. 2008.): Danach war er seit 1931 zuständig für die lateinischen Texte des Vatikans. Daß die Enzyklika „Quadragesimo anno" bereits von Bacci bearbeitet wurde, zeigt im übrigen auch ein Stilvergleich mit den sicher von ihm ins Lateinische übertragenen Rundschreiben. Im wissenschaftlich seriöseren „Biographisch-bibliographischen Kirchenlexikon" von Bautz existiert leider noch kein Artikel über den 1960 zum Kardinal ernannten Latinisten und tapferen Verteidiger des katholischen Glaubens. 1969 legte er mit Kardinal Ottaviani das italienische Original der „Kurzen kritischen Untersuchung des neuen Ordo Missae" Papst Paul VI. vor, in der heftige Bedenken gegen die Liturgiereform geäußert wurden.

[149] Wilfried Stroh, Lebendiges Latein, in: Der Neue Pauly, Enzyklopädie der Antike: Rezeptions – und Wissenschaftsgeschichte, Bd. 15/ 2001, 93.

nus" an sich tragen, es sollte echtes Latein sein und nicht Deutsch, Englisch oder Französisch in lateinischem Gewand. Und daher fehlte auch an den o. g. Stellen der Begriff „Solidarität" in den Originalfassungen! Anders verhält es sich mit dem Begriff „Subsidiarität". Er konnte, wenn auch nicht wörtlich übertragen, so doch im Lateinischen näher an den modernen Terminus angelehnt werden. Denn seit der Antike existieren hier Wörter wie „subsidium" und „subsidiarius". So findet sich in „Quadragesimo anno" der Ausdruck „'subsidiarii' [immerhin in Anführungszeichen gesetzt!] officii principium" (DH 3738).

Die richtige und die falsche internationale Solidarität

Ziehen wir ein kleines Fazit, vor allem auch mit Blick auf „Gaudium et spes". Wir haben gesehen, daß trotz seines unkatholischen Ursprungs der Begriff „Solidarität" sehr wohl zutiefst Christliches aussagen kann. Selbst die Hinzufügung „internationalis" ist, vom Stil der lateinischen Sprache an dieser Stelle einmal abgesehen (Bacci und andere gute Stilisten hätten hier eher etwa „inter gentes colendus/a/um" o. ä. geschrieben), nicht zu beanstanden, da die christliche Solidarität in der Tat die Grenzen der Nationen und Völker überschreitet. Dieser Position sind wir auch schon in der Antrittsenzyklika Papst Pius XII. „Summi Pontificatus" und in seiner Weihnachtsansprache des Jahres 1957 begegnet. Freilich besteht zur Verwendung des Begriffs in GS 57 doch ein deutlicher Unterschied: An beiden Stellen betonte der Papst, daß wahre „Solidarität", die eng mit der christlichen Nächstenliebe zusammenhängt, letztlich nicht nur in der Natur des Menschen seine Wurzeln haben kann, sondern auch übernatürlich, nämlich im christlichen Glauben verankert sein muß. So lasen wir es ausdrücklich innerhalb des aus „Summi Pontificatus" zitierten Satzes, so steht es aber ebenso im unmittelbaren Kontext unseres Zitates aus der Weihnachtsbotschaft von 1957. Denn der Gedanke, der der Aufforderung an die Staatsoberhäupter direkt vorangeht, „durch zuverlässige Solidarität unter den Nationen, die aufrichtig den Frieden wollen, einen jeden abzuschrecken, der im Sinne hätte, den Frieden zu stören", enthält genau jene notwendige Rückbindung an die Offenbarung Gottes. Die gesamte christliche Gesellschaftslehre weist immer neben natürlichen Elementen zugleich auch einen übernatürlichen Charakter auf![150]

---

[150] Das haben auch die Päpste immer wieder betont. Siehe z.B. Otto Schilling, Christliche Gesellschaftslehre: Sozialistische oder christliche Kultur? München 1949, 24.

Da wir die betreffenden Sätze Pius' XII. aus der Weihnachtsansprache oben nicht zitiert haben, tragen wir sie hier nach: „Euch und allen, denen Unsere Gesinnung bekannt ist, wird es genügen, wenn wir bei dieser Gelegenheit, um Unserem unermüdlich auf die Sache des Friedens bedachten Geiste Genüge zu tun, an die unmittelbaren Ziele erinnern, welche die Nationen sich vornehmen und verwirklichen müssen. Wir tun es mit väterlichem Herzen und gleichsam zur Deutung der zarten Klagen des göttlichen Kindes von Bethlehem, das Urheber und Unterpfand jeden Friedens auf der Erde und im Himmel ist."[151]

Ja, in der Tat ist Jesus Christus, der zugleich der Gottessohn ist, der einzige Mensch, der umfassenden und ewigen Frieden in seinem Reich garantieren kann. Die bereits erwähnte Islamwissenschaftlerin Christine Schirrmacher hat in beeindruckender Weise zum Abschluß eines Aufsatzes über die Haltung Mohammeds und seiner Schüler zu Krieg und Frieden die Person Jesu Christi mit seinem Evangelium als Kontrast genannt, als leuchtendes Vorbild eines wahren Friedensstifters und letztlich einzigen Garanten für aufrichtige und dauerhafte Versöhnung: „Demgegenüber ist der Gedanke des Friedens und der Versöhnung aller Menschen in der Bibel ein zentrales Anliegen. Jesus, der „Friedefürst" (Jesaja 9, 5), predigte nicht nur, wie Frieden in der Theorie auszusehen habe, sondern schuf durch sein Leben und seinen Tod selbst Frieden und Versöhnung, Frieden zwischen Gott und Menschen, aber auch Frieden zwischen Menschen. Weil Gott ein ‚Gott des Friedens' ist (Römer 15,33), ist Frieden ein Kernthema der Bibel: Jesus wird Mensch, um zwischen Gott und Menschen Frieden zu schaffen (Kolosser 1,20). Und so verwundert es nicht, dass auch seine Nachfolger Friedensboten (Jesaja 52,7), Friedensstifter (Römer 14,19) und Friedenserhalter (Römer 12,18) sein sollen – ein Anspruch, an dem Menschen scheitern, wenn sie nicht das Friedensgebot Gottes annehmen, mit Gott und sich selbst Frieden schließen und mehr und mehr lernen, auch in ihrem Umfeld Friedensstifter zu sein."[152]

Und genau diese Perspektive vermissen wir in GS 57, oder besser gesagt, wir bedauern es, daß sie nicht klar genug ausgezogen ist! Zugegeben,

---

[151] Soziale Summe Pius' XII., a. O. Nr. 4457, S. 2551

[152] Christine Schirrmacher, Der Islam – eine Religion des Friedens? In: Islam und christlicher Glaube 7,2/2007, 13. Dasselbe Heft dieser Zeitschrift, die vom „Institut für Islamfragen" (IfI) herausgegeben wird, enthält auch einen lesenswerten Beitrag von Eberhard Tröger mit dem Titel „Der ‚Kampf auf dem Weg Gottes' nach dem Koran" (21-29). Tröger stellt anhand der einzelnen Surenverse dar, auf wie brüchigem Fundament die Mär vom Islam als jener Friedensreligion steht, als welche er uns immer wieder von muslimischen Vertretern heute aus Propagandagründen angepriesen wird.

dort wird in Nr. 1 erwähnt, daß die erste Aufgabe der Christen die Ausrichtung auf das ewige Leben ist (nach Kol 3,1-2), daß sie dann aber auch beim Aufbau einer menschlicheren Welt mitzuwirken hätten. Es ist dann in Nr. 4 auch von der Gnade die Rede, die den Geist des Menschen bei seinem Einsatz für Menschlichkeit und Wahrheit in der Welt sogar zur Erkenntnis Christi und zur wahren Gottesverehrung führen kann. Es ist auch nicht ganz falsch, daß der Einsatz von Christen für die „internationale Solidarität" im richtigen, oben skizzierten Sinne verstanden, für andere Menschen eine Vorbereitung auf das Evangelium sein kann.

Auf der anderen Seite wird aber bei der Empfehlung zur Zusammenarbeit mit anderen Menschen und der heutigen Kultur zu wenig beachtet, in welchem Maße diese leider unchristlich, wenn nicht direkt antichristlich geprägt sind. Zwar gesteht das Konzil zu, daß der moderne Fortschritt der Wissenschaften „einen gewissen Phänomenismus und Agnostizismus begünstigen kann" (Nr. 5) – Gefahren, die übrigens schon Papst Pius X. in seiner Antimodernismus-Enzyklika „Pascendi Dominici gregis" noch viel klarer aufgewiesen hat.[153] Aber dann heißt es unmittelbar darauf wieder: „Diese unheilvollen Entwicklungen folgen jedoch nicht notwendig aus der heutigen Kultur." Damit werden die Risiken, die durch eine Mitarbeit von Christen in der heutigen Welt mit ihren „Strukturen der Sünde", wie Papst Johannes Paul II. häufiger während seines Pontifikates betont hat[154], entstehen können, nicht ausreichend erkannt und beim Namen

[153] Die Klassische Philologin und Philosophieprofessorin Dorothea Frede hat in einem wertvollen Aufsatz zu Aristoteles demgegenüber den philosophischen Realismus anhand der Konzeption des Stagiriten überzeugend verteidigt: „Vielmehr besteht seine [des Aristoteles] Aktualität darin, daß seine Zuversicht in die Verlässlichkeit der Sinne und des Denkens auf analogen Überlegungen beruht, wie wir sie auch heute noch hegen, wenn wir nicht gerade einen Kurs über Skeptizismus besuchen. Denn im Alltag – wie übrigens auch in der Theorie – wissen wir sehr wohl zu unterscheiden zwischen verlässlichen Eindrücken und Sinnestäuschungen oder Verzerrungen. Der Normalzustand, so meinen wir, vermittelt uns insgesamt ein klares und zuverlässiges Bild der Dinge. Wäre es anders, so könnten wir uns in der Welt überhaupt nicht zurechtfinden. Es müßten uns ständig schreckliche Unfälle zustoßen, weit schlimmere als sie tatsächlich im Alltag passieren, jedenfalls solange wir die nötige Vorsicht walten lassen." (Aristoteles über Leib und Seele, in: Kann man heute noch etwas anfangen mit Aristoteles? Hrsg. von Thomas Buchheim, Hellmut Flashar und Richard A. H. King, Darmstadt 2003, 107).

[154] So z.B. in der schönen Enzyklika über das Leid „Salvifici doloris" (Nr. 27), vor allem aber mehrfach in seinem Rundschreiben zur katholischen Soziallehre „Sollicitudo rei socialis" (Nr. 36-40). Für das richtige Verständnis des Begriffs, besonders auch für die Frage, wie er mit der persönlichen Sünde des einzelnen Menschen zusammen-

genannt. Damit soll keinem generellen Eskapismus das Wort geredet werden, ein Katholik ist kein „Zeuge Jehovas"[155]! Aber es müßte ganz klar gemacht werden, daß es Aufgabe des Christen ist, jene „Kultur des Todes", um wieder mit Johannes Paul II. zu sprechen[156], aufzubrechen und daß überhaupt nur dann sich eine wahrhaft menschlichere, da göttlichere Welt verwirklichen ließe! Ohne das soziale Königtum Christi, für das sich die Päpste bis Pius XII. vehement eingesetzt haben und von dem heute keine Rede mehr ist, kann keine tiefgreifende Besserung gelingen! Die Notwendigkeit, sich zu Christus zu bekehren und seine allein für Zeit und Ewigkeit heilbringende Botschaft anzunehmen, die früher von den Päpsten und dem katholischen Lehramt immer wieder betont worden ist, wurde insgesamt in der Pastoralkonstitution des II. Vatikanums zu wenig scharf akzentuiert. Was die Gemeinwesen und Staaten betrifft, wurde sie ja sogar in „Dignitatis humanae" (z. B. DH 3, vgl. aber DH 1) dezidiert abgelehnt!

Eine wahrhaft christliche Demokratie

Ganz anders hatte auch hier noch Pius XII. entschieden. Bekanntlich war er aufgrund der negativen Erfahrungen mit allzu autoritären bzw. sogar totalitären Regierungsformen ein Befürworter der Demokratie (ohne freilich

---

hängt, ist folgender Satz wichtig: „Wenn die heutige Situation Schwierigkeiten unterschiedlicher Natur zuzuschreiben ist, so ist es nicht verfehlt, von ‚Strukturen der Sünde' zu sprechen, die, wie ich im Apostolischen Schreiben *Reconciliatio et Paenitentia* festgestellt habe, in persönlicher Sünde ihre Wurzeln haben und daher immer mit *konkreten Taten* von Personen zusammenhängen, die solche Strukturen herbeiführen, sie verfestigen und es erschweren, sie abzubauen. Und so verstärken und verbreiten sie sich und werden zu Quellen weiterer Sünden, indem sie das Verhalten der Menschen negativ beeinflussen." (Sollicitudo rei socialis Nr. 36, zitiert nach: Verlautbarungen des Apostolischen Stuhls 82 vom 30. Dezember 1987, 44; die Stelle, auf die Johannes Paul II. verwies, findet sich in der Adhortatio apostolica *Reconciliatio et paenitentia* vom 2. Dez. 1984, Nr. 16. AAS 77/1985, 217).

[155] Mit Berufung auf Sätze wie „Liebet nicht die Welt, noch was in der Welt ist!" (1 Joh 2,15) sind dem „Zeugen Jehovas" jegliche positive Beziehungen zum Staat, seinen Organen und Einrichtungen als geistige Hurerei bzw. Ehebruch untersagt. Siehe z.B. Günther Pape, Ich war Zeuge Jehovas, Augsburg 1993, 123 f. Siehe auch ds., Art. „Zeugen Jehovas/Die Wachtturm-Gesellschaft", in: Kulte, Sekten, Religionen – Von Astrologie bis Zeugen Jehovas, hg. von Hermann-Josef Beckers und Helmut Kohle, Augsburg 1994, 355-360.

[156] Häufig verwendete Johannes Paul II. diesen Terminus, allein mehrfach in der Enzyklika „Evangelium vitae" (Nr. 12, 19, 21, 24, 26, 28, 50, 64, 87, 95 und 100). An sich müßte man fast noch eher von einer „Unkultur des Todes" sprechen.

andere Staatsformen als unkatholisch auszuschließen[157]). Um den Gefahren einer Staatsform zu wehren, die alles in den Willen des Volkes bzw. seiner Vertreter stellt, auch Entscheidungen gegen Gottes Gebote, mahnte er mit Recht in seiner berühmten Radioansprache zu Weihnachten 1944: "Eine gesunde Demokratie, aufgebaut auf den unveränderlichen Grundsätzen des Naturgesetzes und den geoffenbarten Wahrheiten, wird entschieden Stellung nehmen gegen jene Verderbnis, die der staatlichen Gesetzgebung eine zügel- und grenzenlose Macht zuerteilt und die aus der demokratischen Staatsform,

---

[157] Vgl. Verf., Keine Einheit ohne Wahrheit! Bd. I, 2. Aufl. Stuttgart 1999, 127. Die Kirche hat immer wieder zugestanden, daß auch eine Demokratie, wofern sie göttlichen Prinzipien nicht widerstreitet, eine gute Staatsform sein kann, so z. B. Leo XIII. in „Immortale Dei" vom 1. November 1885 (DH 3173) und in „Libertas praestantissimum" vom 20. Juni 1888 (DH 3254), vgl. Eduard Eichmann – Klaus Mörsdorf, Lehrbuch des Kirchenrechts, 1. Bd., 7. Aufl. 1953, 57 f. Es stimmt auch nicht, daß jener Papst zum ersten Mal die Demokratie zu einer „kirchlich tolerablen Staatform" erklärt habe, wie es jüngst wieder bei Hans Apel in einem Zitat zu lesen war (Europa ohne Seele, Gießen 2007, 48 f.; ich danke dem ehemaligen sozialdemokratischen Bundesminister, der sehr unter dem Zustand der EKD leidet, für das Geschenk dieses engagierten Buches). Schon Thomas von Aquin weist Ansätze in besagter Richtung auf, allerdings mehr im Sinne einer Mischverfassung (er selbst favorisierte an sich freilich die Monarchie), Suarez beispielsweise ging noch erheblich weiter (Hans Meyer, Thomas von Aquin – Sein System und seine geistesgeschichtliche Stellung, 2. Aufl. Paderborn 1961, 557-563).

Freilich sollte man die Demokratie auch nicht zur heiligen Kuh erklären und jegliche Kritik an ihren Schwächen – jedenfalls wenn sie so geartet ist, wie sie sich heute in vielen westlichen Staaten präsentiert – unter Tabu stellen. Für Zeitgenossen, die sich noch eine gewisse geistige Freiheit bewahrt haben, sei deshalb ein Buch des in den USA lehrenden deutschen Volkswirtschaftlers Hans-Hermann Hoppe genannt, das den bezeichnenden Titel trägt „Demokratie – der Gott, der keiner ist" (deutsche Ausgabe Waltrop und Leipzig 2003). Mit dieser Empfehlung ist natürlich keinerlei Zustimmung zu allen dort vertretenen Thesen intendiert. Der Grundgedanke des Autors ist die Überzeugung von einem höheren Maße an Stabilität, das auf verschiedenen Bereichen eine Monarchie mit sich bringe. Dabei erklärt Hoppe ausdrücklich, nicht im eigentlichen Sinn „Monarchist" zu sein (11). Es geht ihm offenbar primär eher um die Möglichkeit einer freien Diskussion über Vor – und Nachteile einzelner Staatsformen, wie sie zum Erbe unserer europäischen Kultur spätestens seit Herodots „Verfassungsdebatte" (3,80-82) gehört. Welche Gesinnungsdiktatur mittlerweile in Europa ausgeübt wird, kann man daran erkennen, daß Monegassen nicht Bürger der Europäischen Union werden können, solange die Staatsform Monacos der EU als vordemokratisch gilt! (FAZ vom 15. Sept. 2005, Seite R 1)

trotz des gegenteiligen trügerischen Scheins, einfachhin ein absolutistisches System macht."[158]

Von den beiden hier geforderten Fundamenten einer wahren christlichen Demokratie, den "unveränderlichen Grundsätzen des Naturgesetzes" ("immutabili principi della legge naturale" heißt es im italienischen Original[159]) und den "geoffenbarten Wahrheiten ("verità rivelate"), erkannte das II. Vatikanum aber nur noch das erste an. Das zweite ist der traditionswidrigen Lehre von der absoluten religiösen Neutralität des Staates zum Opfer gefallen (Dignitatis humanae 3), die so nicht einmal das Grundgesetz kennt, wie dessen Präambel zeigt („Im Bewußtsein seiner Verantwortung vor Gott und den Menschen…“ [160]). Wer aber die letztere Basis absichtlich voll-

---

[158] A.F.Utz-J.F.Groner, Aufbau und Entfaltung des gesellschaftlichen Lebens - Soziale Summe Pius XII., 2. Aufl., Bd. II, Freibg./Schw. 1962, Nr. 3487, S. 1780 f. Zum richtigen Verständnis der Ansprache siehe Robert Leiber SJ, Pius XII. +, Stimmen der Zeit 163/1958-59, 91. Die Ausführungen Pius' XII. werden heute manchmal fälschlich als angeblicher Freibrief der Katholischen Kirche für ungeordnete staatliche Verhältnisse reklamiert, wie wir sie in vielen westlichen Demokratien mittlerweile leider mehr und mehr antreffen. Davon kann keine Rede sein!

[159] AAS 37/1945, 17

[160] Diese Formulierung ist auch in die Neufassung der Präambel wieder aufgenommen worden, die 1990 wegen der Wiedervereinigung nötig geworden war. Ja, das Bundesland Niedersachsen hat die Formel "Verantwortung vor Gott" im selben Jahr sogar neu in seine Landesverfassung eingefügt, und 1993 wurde sie in die Verfassung des Freistaates Thüringen integriert (William Hoye, Demokratie und Christentum. Die christliche Verantwortung für demokratische Prinzipien, Münster 1999, 90). Hermann Lübbe spricht im Zusammenhang mit der Präambel des Grundgesetzes von einem Element der „Zivilreligion“, die an sich einer vom katholischen Standpunkt aus betrachtet nicht unproblematischen Konzeption entspricht, welche heute allerdings, oft mit sehr unterschiedlichem Inhalt, weithin propagiert wird; siehe z. B. das Buch „Religion und Zivilreligion im Atlantischen Bündnis“ (hg. von Werner Kremp und Berthold Meyer, Atlantische Texte Bd. 14, Trier 2001). Der Philosoph erinnert daran, daß das Bundesland Nordrhein-Westfalen im Art. 7 seiner Verfassung als ein Erziehungsziel sogar die „Ehrfurcht vor Gott“ ausweist. In Irland spricht das Volk in seiner Verfassung noch deutlicher „im Namen der Allerheiligsten Dreifaltigkeit“ und bekennt sich zu seinem „göttlichen Herrn“ Jesus Christus; eine ähnliche, theologisch sogar noch differenziertere Formel weist Griechenland, ebenso EU-Land, auf (Zivilreligion in Deutschland, in: Tamen! Gegen den Strom. Günther Rohrmoser zum 80. Geburtstag, 475 f.). Wolfhart Pannenberg macht darauf aufmerksam, daß der Begriff „Neutralität“ in Zusammenhang mit dem Verhältnis des Staates zur Religion in der verfassungsrechtlichen Fachliteratur erst seit 1970 üblich geworden ist (Neutralität des Staates gegenüber der Religion? In: Tamen! Gegen den Strom, 381). Der schon genannte Bonner Jurist

kommen ausklammert, kann konsequenterweise auch auf die erste nicht mehr zuverlässig bauen.[161]

Dies ist schon die Folge der klaren Erkenntnis, die der katholischen Theologie immer eigen war, daß der Mensch nach dem Sündenfall der Gnade nicht nur für die übernatürlich wirksamen guten Werke, sondern auch für die zuverlässige und beständige Erfüllung des Naturgesetzes über einen längeren Zeitraum hinweg bedarf. Ohne die Gnade wird er mit moralischer Sicherheit früher oder später in die schwere Sünde fallen[162], wie u. a. der hl. Thomas von Aquin ausdrücklich lehrt (S. th. I-II q. 109 a. 8 RESP.).

Christian Hillgruber bezweifelt in einem höchst anregenden neuen Büchlein generell, daß man – bei aller Religionsfreiheit, die die BR Deutschland gewährt - von einer völligen religiösen Neutralität sprechen könne (Staat und Religion - Überlegungen zur Säkularität, zur Neutralität und zum religiös-weltanschaulichen Fundament des modernen Staates, Paderborn 2007, 47-65. Die Überschrift des Kapitels lautet: „Der Staat des Grundgesetzes und der Mythos der Neutralität"). Dabei kann der Autor sich immer wieder auf die Intention der Verfassungsväter berufen, die eindeutig eine gewisse christliche Prägung des Staates wünschten, weil sie diese für das beste Bollwerk gegen eine potentielle abermalige Katastrophe hielten, wie sie ab 1933 das deutsche Volk, und zwar nicht ohne Schuld so mancher Bürger, heimgesucht hatte. Insofern kann man folgendem Satz aus Hillgrubers Feder nur zustimmen: „Der Gott, den die Präambel des Grundgesetzes meint, ist, wie die maßgebliche subjektiv-historische Auslegung ergibt, der christliche Gott und kein anderer. In seinem Ausgangspunkt konzediert dies auch *Dietrich Murswiek*, der jüngst die umfänglichste Präambelinterpretation vorgelegt hat." (a. O. 59) Übrigens hat sich heute wohl mehrheitlich die Meinung durchgesetzt, daß die Präambel zum Inhalt des Grundgesetzes gehört und sowohl politische Bedeutung hat als auch rechtliche Konsequenzen nach sich zieht. So zutreffend William Hoye (Demokratie und Christentum, 94), der sich auf die Grundgesetzkommentare von Maunz - Dürig und Christian Starck beruft. Maunz - Dürig verweisen ihrerseits auf ein Urteil des Bundesverfassungsgerichtes (BVerfGE 5,127).

[161] Vgl. Verf., Keine Einheit ohne Wahrheit! 132 – 144, v. a. 134-136.

[162] „Das ist die allgemeine Meinung der Theologen" so kommentierte P. Matthias Gaudron diese Einsicht in einem lesenswerten Aufsatz zum Verhältnis von Natur und Gnade (Natur und Übernatur: Worin besteht ihr gegenseitiges Verhältnis? In: Rundbrief für die Priesterfreunde der Priesterbruderschaft St. Pius X. im deutschen Sprachraum, 18/2008, 19). Gemeint sind natürlich die traditionellen Theologen, heute lehrt, von einigen guten Ausnahmen abgesehen, sowieso jeder, was er will, und nicht, was er – im Sinne der Kirche - soll! P. Gaudron hingegen hält sich in seinem Beitrag ganz an die überlieferte Lehre, sichert sie aber geschickt gegen moderne Angriffe ab: „Im Grunde entspricht die Erhebung in die Übernatur also dem tiefsten Verlangen der Natur, auch wenn man daraus keinen Anspruch auf die Übernatur ableiten darf, sondern

Natur und Gnade, Staat und Kirche dürfen nicht radikal getrennt werden!

Natur und Gnade lassen sich also nicht völlig trennen, wohl hingegen deutlich unterscheiden. Damit hängt nun eng zusammen, daß auch Staat und Religion nicht radikal voneinander abgesondert werden dürfen, obgleich sie ebenfalls jeweils über eine gewisse Eigenständigkeit verfügen. Papst Leo XIII. sprach daher zutreffend von der Notwendigkeit einer „quaedam... ordinata colligatio“ beider Gewalten, also einer „gewissen geordneten Verbindung“ (Immortale Dei, DH 3168).[163] Man mag es fast als Ironie der Geschichte bezeichnen, daß in Zeiten, wo man gegen die klassische katholische Gnadendoktrin den Vorwurf der „Zwei-Stockwerk-Lehre“ erhebt (ganz zu Unrecht, zumindest soweit es sich um die Position des hl. Thomas und seiner getreuen Schüler handelt!) und beide Bereiche, oft über Gebühr, miteinander verzahnen möchte, im Bereich der Gemeinwesen von Staat und Kirche eine genau gegenläufige Tendenz verfolgt wird.

Diese Zusammenhänge hätte auch Papst Johannes Paul II. sehen müssen, wenn er an sich richtig die modernen Demokratien in seiner Enzyklika „Fides et ratio“ deutlich tadelte: "Von nicht geringeren Gefahren kündet der *Pragmatismus*, eine für diejenigen typische Denkhaltung, die es in ihren Ent-

festhalten muß, daß die Natur auch ohne diese Erhebung wahrhaft selig wäre, denn in ihrer Ordnung wäre sie wahrhaft vollkommen und vollendet.“ (a. O. 42) Letzterer Aspekt ist von außerordentlicher Bedeutung für die Debatte um den „Limbus puerorum“, die Gaudron allerdings nicht erwähnt: Denn nach der festen Lehre der Kirche, die auch durch neuere vatikanische Erklärungen nicht umgeworfen werden kann, gelangt das nicht getaufte, aber von persönlicher Schuld freie Kind nach seinem Tod zu einem Zustand rein natürlichen Glücks ohne die Anschauung Gottes. Zum Fortbestehen der Bedeutung jenes „limbus puerorum“ siehe Johanes Maria Schwarz, Zwischen Limbus und Gottesschau, Kisslegg 2006; ds., Die bleibende Frage nach dem Heil ungetauft sterbender Kinder, Forum Kathol. Theol. 23/2007, 262 ff.; Manfred Hauke, Abschied vom Limbus? Theologisches 37/2007, 258-266. Um den Vorwurf einer Zwei-Stockwerk-Lehre abzuweisen, den moderne Theologen immer wieder gegen die traditionelle Gnadenlehre der Kirche erheben, hatte Gaudron schon zuvor in seinem Aufsatz zu Recht festgehalten: „Der Mensch bekommt streng genommen mit der Gnade nicht eine zweite Natur – auch wenn es berechtigt ist, wegen der neuen Fähigkeiten, die er mit der Gnade bekommt, so zu reden – sondern seine schon bestehende Natur wird erhöht und veredelt, wird Gott verähnlicht.“ (a. O. 39)

[162] Eigene Übersetzung des lateinischen Originals.

[163] Siehe auch das Kapitel „Souveraineté de l'Église et Souveraineté de l'État » im schon erwähnten Buch von Jean Ousset « Pour qu'Il règne » (34-43).

scheidungsprozessen ausschließen, auf theoretische Überlegungen zurückzugreifen oder auf ethische Prinzipien gestützte Bewertungen vorzunehmen. Die praktischen Folgen aus dieser Denkrichtung sind beträchtlich. Insbesondere hat sich ein Demokratieverständnis durchgesetzt, das den Bezug zu wertorientierten und deshalb unwandelbaren Grundlagen unberücksichtigt läßt: Die Zulässigkeit beziehungsweise Unzulässigkeit eines bestimmten Verhaltens entscheidet sich auf Grund des Votums der parlamentarischen Mehrheit. Welche Konsequenzen ein solcher Ansatz hat, liegt auf der Hand: Die großen moralischen Entscheidungen des Menschen werden in Wirklichkeit den Beschlüssen untergeordnet, die nach und nach von den institutionellen Organen an sich gezogen werden."[164] Da allgemein bekannt ist, daß der jetzige Heilige Vater Benedikt XVI. den Gedanken jener Enzyklika nicht fernsteht, wird er sich, wo er selbst die höchste Verantwortung in der Kirche trägt, fragen müssen, wie sich die postulierte Wertebindung des Staates und zugleich seine völlige Inkompetenz in religiösen Fragen zusammenreimen sollen.

Ganz recht hat jedenfalls der schon erwähnte Bonner Jurist Christian Hillgruber, wenn er die absolute religiöse Neutralität des Staates schon durch ganz einfache Überlegungen in Frage stellt, denen jeder Christ, ja eigentlich jeder vernünftige Mensch als Minimalkonsens zustimmen müßte: „Das politische Gemeinwesen kann, um seiner Selbsterhaltung willen, die religiöse Dimension nicht einfach ausblenden, ihm kann der Glaube seiner Bürger nicht gleichgültig sein, weil und soweit er politisch ‚durchschlägt'."[165] Diese Erkenntnis vertrage sich auch durchaus mit der Religionsfreiheit des Grundgesetzes, so der Jurist: „Die Religionsfreiheit zwingt den Staat keineswegs dazu, zu allen religiösen Bekenntnissen und Weltanschauungen gleiche Distanz zu halten. Sie verbietet ihm lediglich, Glaubenszwang auszuüben, d. h. das individuelle religiöse Gewissen zu vergewaltigen und selbst zu missionieren."[166] In der Tat, und da hat Hillgruber völlig recht, vermag ja die absolut freie Gesellschaft gar nicht die Voraussetzungen zu erzeugen, die ihre Existenz überhaupt erst gewährleisten, um ein bekanntes Diktum des Verfassungsrechtlers und Rechtsphilosophen

[164] "Fides et ratio" (Nr. 89), gegeben am 14. Sept. 1998, Zitat nach der offiziellen deutschen Übersetzung, die u.a. auch in der *Deutschen Tagespost* abgedruckt wurde (17. Okt. 1998, 18).
[165] Christian Hillgruber, Staat und Religion, 10 f.
[166] Hillgruber a. O. 68

Ernst-Wolfgang Böckenförde zu zitieren.[167] Ja Böckenförde gab zu, daß ein solches Sozialwesen sogar dazu tendieren kann, jene unablässig abzubauen![168] Hillgruber wendet dagegen ein: „(Den Staat) interessiert in diesem Zusammenhang allein der säkulare Mehrwert der Religion, der Nutzen, der dabei für das Gemeinwohl abfällt, und der ist nun offensichtlich von Religion zu Religion, von Glaubensrichtung zu Glaubensrichtung höchst unterschiedlich. Dem Rechnung zu tragen, liegt im wohlverstandenen Eigeninteresse und Selbsterhaltungsinteresse des freiheitlichen, säkularen Verfassungsstaates, der von Voraussetzungen lebt, die er, um *Böckenfördes* berühmtes Diktum zu variieren, zwar nicht mit Hoheitsgewalt herbeizwingen, wohl aber ganz ohne Eingriff in die gleiche, abwehrrechtlich verstandene Religionsfreiheit fördern kann und sollte.“[169]

Was z.B. in Deutschland passiert, wenn man durch den Staat nicht mehr vernunftgemäßes Handeln nach Vorgaben der christlich-abendländischen Tradition fördert, kann man dem Zeugnis eines unverdächtigen Zeitgenossen entnehmen. Umberto Eco, wahrlich nicht als Befürworter eines katholischen Staates bekannt, legte dar, wie Joachim Fest in den 90-er Jahren referierte, „daß die Welt des ‚anything goes', ihrem eigenen Gesetz folgend, nicht einen steten Zuwachs an Freiheit bringe, sondern zwangsläufig zu Unterwerfungsverhältnissen hindrängt.“[170] Und genau eine solche Entwicklung beobachten wir in den letzten Jahren in immer stärkerem Maße! Dazu braucht man – abgesehen von den teilweise bedrückenden ökonomischen Verhältnissen - beispielsweise ja nur einen Blick auf die vielfachen Tabus zu werfen, die mittlerweile zum Standard der „political“ und „religious correctness“ gehören.[171]

---

[167] Wörtlich sagte Böckenförde in seinem im Jahre 1967 erschienenen, berühmten Aufsatz, der auf eine Rede von 1964 zurückgeht: „Der freiheitliche, säkularisierte Staat lebt von Voraussetzungen, die er selbst nicht garantieren kann.“ (Die Entstehung des Staates als Vorgang der Säkularisation, mehrfach gedruckt, jetzt leicht zugänglich in: Ernst-Wolfgang Böckenförde, Der säkularisierte Staat – Sein Charakter, seine Rechtfertigung und seine Probleme im 21. Jahrhundert, Carl Friedrich von Siemens Stiftung, Themen Bd. 86, München 2006, 71. Das Bändchen ist kostenlos bei der Stiftung zu beziehen.)

[168] Siehe Joachim Fest, Die schwierige Freiheit – Über die offene Flanke der offenen Gesellschaft, Berlin 1993, 32

[169] Hillgruber a. O. 72

[170] Fest, Die schwierige Freiheit, 33

[171] Immerhin soll nicht übersehen werden, daß wir immer noch ein höheres Maß an Meinungsfreiheit genießen, als es in vielen Staaten der Welt trauriger Standard ist. Und auch die Rechtsstaatlichkeit und die mit ihr verbundene Rechtssicherheit, eines der wichtigsten Fundamente eines geordneten Gemeinwesens, ist zwar in mancher

Nur die Beachtung der göttlichen Ordnung schafft Einheit und Frieden.

Kommen wir noch einmal auf „Gaudium et spes" Nr. 57 mit der dort vorgetragenen Zukunftsperspektive zurück, die sowohl unrealistisch als auch vom katholischen Standpunkt aus bedenklich ist. Selbst Hans-Joachim Sander, ein progressiver katholischer Theologe, dessen Analyse sich prinzipiell von der unseren unterscheidet, gibt in seinem Kommentar folgende Fehleinschätzung der kulturellen Realität durch die Konzilsväter zu: „In **GS 57** wird die christliche Aufgabe beschrieben, mit allen zusammen die Welt menschlicher zu machen. Darin hat die Kultur einen zentralen Platz, weil in ihr der Schöpfungsauftrag Gottes an den Menschen umgesetzt wird. Als dieser Text entstand, war die Ambivalenz des Auftrags noch nicht begriffen, sich die Erde untertan zu machen. Der dritte Absatz des Kapitels zeigt auch die idealistische Tendenz der Kulturvorstellung: die ‚erhabenen Sichtweisen des Wahren, Guten, Schönen' (GS 57, 3). Eine solche Bemerkung klingt vierzig Jahre danach merkwürdig, weil man sich mittlerweile darüber klar werden musste, was Menschen fast ein Jahrhundert im Osten Europas in einer Kultur der Lüge, fast eineinhalb Jahrhunderte in den Slums der Großstädte in einer Kultur des Hässlichen und die ‚tausend Jahre' von 1932 bis 1944 in Deutschland unter einer Kultur des Bösen zu leiden hatten."[172]

Ist es wirklich wahr, so möchte ich freilich Sander ergänzend fragen, daß man jene direkt oder indirekt diabolischen Dimensionen der Moderne in den 60-er Jahren noch nicht ausreichend kritisch einschätzen konnte? Oder wollte man nicht doch lieber über die aufgeführten Mißstände in der Welt des 20. Jahrhunderts, die sich vielfältig ergänzen ließen, einfach hinwegschauen, weil man in einer Euphorie sondergleichen glaubte, wenn man nur mit allen mehr oder minder gut Freund sei, würden sich die Verhältnisse schon bessern?[173] So schreibt Sander doch selbst, daß „die

---

Hinsicht bedroht bzw. schon eingeschränkt, aber doch zu einem beträchtlichen Teil noch intakt! Welche Bedeutung wir Deutsche dem Recht für einen gesunden Staat beimessen, bekunden wir ja an feierlicher Stelle, nämlich in der dritten, offiziellen Strophe unserer Nationalhymne: „Einigkeit und Recht und Freiheit für das deutsche Vaterland." Auch zu „Einigkeit und „Freiheit" kann man sich als deutscher Katholik wahrlich bekennen, wenn sie nur im richtigen Sinn aufgefaßt werden!

[172] Herders theologischer Kommentar zum Zweiten Vatikanischen Konzil, Bd. 4, Freibg./B. 2005, 784.

[173] Der jetzige Papst sah die Zukunft schon bald nicht mehr so rosig, wie sie viele Konzilsvertreter eingeschätzt hatten. Im Jahre 1976 schrieb er ernüchternde, ja erschütternde Sätze: „Die Geheime Offenbarung spricht vom Gegenspieler Gottes, dem

Kultur des Hässlichen" bereits „fast eineinhalb Jahrhunderte" herrschte, also auch zur Zeit des II. Vatikanums schon mehr als hundert Jahre, was doch den Konzilsvätern nicht entgangen sein kann! Und was das nationalsozialistische Regime angeht, so brauchte man ja wohl auch nicht erst vierzig weitere Jahre nach dem Konzil zuzuwarten, bis man sich endlich seines verbrecherischen Charakters bewußt wurde! Hatte nicht ferner auch der konservative Konzilsväterkreis (Coetus internationalis patrum[174]), dem z. B. Erzbischof Marcel Lefebvre angehörte, zusammen mit weiteren Verbündeten in klarer Einschätzung der Realität – leider ohne Erfolg – vom Konzil eine deutliche Verurteilung des atheistischen Kommunismus gefordert[175], der damals schon

---

Tier. Das Tier, die Gegenmacht, hat keinen Namen, sondern eine Nummer. Seine Zahl ist 666, sagt der Seher (13,18). Es ist Nummer und macht zur Nummer. Was das heißt, wissen wir, die die Welt der Konzentrationslager erlebt haben: deren Schrecklichkeit gründet eben darin, daß sie das Gesicht auslöscht, daß sie die Geschichte auslöscht, daß sie den Menschen zur Nummer macht, zum ersetzbaren Teilchen einer großen Maschine. Er ist soviel wie seine Funktion, nicht mehr. Heute müssen wir fürchten, daß das Konzentrationslager nur ein Vorspiel war, daß die Welt unter dem universalen Gesetz der Maschine als Ganzes die Struktur des Konzentrationslagers annimmt. Denn wenn es nur noch Funktionen gibt, dann ist auch der Mensch nichts anderes mehr. Die Maschinen, die er gebaut hat, prägen ihm nun ihrerseits ihr Gesetz auf. Er muß für den Computer lesbar gemacht werden und das kann er nur, wenn er in Zahlen übersetzt wird. Alles andere an ihm wird belanglos. Was nicht Funktion ist, ist nichts. Das Tier ist Nummer und macht zur Nummer." (Joseph Ratzinger, Der Gott Jesu Christi - Betrachtungen über den Dreieinigen Gott, München 1976, 19).

[174] Joseph Famerée, Kapitel „Der Coetus Internationalis Patrum", in: Geschichte des II. Vatikanischen Konzils (1959-1965), hg. von Giuseppe Alberigo, deutsche Ausgabe von Günther Wassilowsky, Band III, Mainz-Leuven 2002, 200-205. Famerées Urteile sind zum Teil nicht gerecht, so wenn er der Gruppe pauschal einen „unhistorischen Zugang zu den Glaubenswahrheiten" attestiert (201): Wer mit der nahezu zweitausendjährigen Geschichte der Kirche auch auf dem II. Vatikanum noch an die Existenz ewiger, unveränderlicher Wahrheiten glaubte, mußte deshalb nicht eo ipso unhistorisch denken! Zur Beurteilung des „Coetus Internationalis Patrum" aus der Sicht eines traditionstreuen Bischofs siehe Bernard Tissier de Mallerais, Marcel Lefebvre – Une vie, 2. korrigierte Auflage, Étampes (Clovis) 2002, 308-313.

[175] Siehe aus progressiver Perspektive das Kapitel „Die kommunistische Welt auf dem II. Vatikanum: Soll man sie verurteilen oder dazu schweigen?" von Riccardo Burigana und Giovanni Turbanti in: Geschichte des II. Vatikanischen Konzils (1959-1965) hg. von Giuseppe Alberigo, deutsche Ausgabe von Günther Wassilowsky, Bd. IV, Mainz-Leuven 2006, 721-726. Die weiteren Ausführungen zum Thema, die in diesem Abschnitt angekündigt werden, konnte ich bis zur Abfassung dieses Aufsatzes noch nicht nachlesen, da der fünfte und letzte Band des Werkes, der sie enthalten soll, noch nicht erschienen war.

viele Jahrzehnte lang kräftig sein Unwesen getrieben hatte und auch heute noch, wenngleich oft unter anderen Vorzeichen und modifiziert, virulent ist? Stattdessen fand Papst Johannes XXIII. noch partiell anerkennende Worte zu diesem irrigen System in seiner Enzyklika „Pacem in terris“[176]– was insofern an sich nicht falsch sein muß, als selbst die schlimmste Ideologie noch Elemente der Wahrheit enthält, ohne die sie die Menschen nicht anzulocken vermöchte; aber in der damaligen Lage war eine solche positive Bemerkung zumindest politisch inopportun. Sanders Entschuldigung des Konzils kann also auf ihrer ganzen Linie nicht vor dem Tribunal der kritischen Vernunft bestehen!

Gaudium et spes Nr. 32

Der Begriff „Solidarität“ (immer in der problematischen lateinischen Form „solidarietas“) kommt übrigens auch noch an einigen weiteren Stellen der Pastoralkonstitution vor. Man findet sie leicht im „lateinischen Sachverzeichnis“ am Ende des 1. Bandes von *Herders theologischem Kommentar zum Zweiten Vatikanischen Konzil* (hg. von Peter Hünermann), Freiburg 2004, 922 s. v. „Solidarietas“.

Eine Erwähnung sollte vielleicht noch vorgestellt werden, weil sie mir unter einem bestimmten Aspekt höchst problematisch zu sein scheint. Es handelt sich um GS 32. Dort heißt es über Christus: „Als Erstgeborener unter vielen Brüdern errichtete Er unter allen, die Ihn im Glauben und in der Liebe annehmen, nach seinem Tode und seiner Auferstehung durch das Geschenk seines Geistes eine neue brüderliche Gemeinschaft („novam fraternam communionem“), nämlich in seinem Leib, der die Kirche ist, in dem alle, untereinander Glieder, sich gemäß den verschiedenen gewährten Gaben gegenseitige Dienste erweisen sollen. Diese Solidarität wird stets wachsen müssen bis zu jenem Tag, an dem sie vollendet werden wird und an dem die aus Gnade geretteten Menschen als eine von Gott und Christus, ihrem Bruder, geliebte Familie Gott vollkommene Ehre erweisen werden.“[177]

Zu jener Passage schreibt Joachim Drumm in der dritten Auflage des *Lexikon für Theologie und Kirche* eine Erläuterung, die ansatzweise die Problematik dieser Konzilsaussage erfassen läßt: „Auf dem Vatikanum II (GS 32 u. a.) verwendet das Lehramt Solidarität erstmals als soteriologische Kategorie, wodurch ein Paradigmenwechsel in der Deutung von Erlösung mar-

[176] Siehe Bernard Tissier de Mallerais, Marcel Lefebvre, 321.

[177] Deutsche Fassung nach: Herders Theologischer Kommentar zum Zweiten Vatikanischen Konzil, 1, 638

kiert wird: der Gedanke der Genugtuung Gottes durch Jesu Tod am Kreuz tritt zurück hinter den einer durch die Menschwerdung Gottes (Inkarnation) neu begründeten Solidarität. Jesus Christus offenbart und verwirklicht unüberbietbar Gottes Liebe und Solidarität mit den Menschen und befreit diese zu einer neuen Solidarität und Gemeinschaft untereinander."[178]

Wenn also der Solidaritätsbegriff das Zentrum unserer Erlösung überschattet oder gar ganz verdunkelt, das im Sühnopfer Jesu Christi liegt, welches durch unsere und unserer Stammeltern Sünden und damit die Beleidigung gegen den göttlichen Vater notwendig geworden war, so ist dies vom Standpunkt der Heiligen Schrift und der zweitausendjährigen Tradition der Kirche eindeutig zu verurteilen. Hier müssen die Prioritäten klar bestehen bleiben. Damit soll nicht gesagt werden, daß die zitierte Aussage in sich falsch wäre. Aber sie ist erheblich ergänzungsbedürftig. Leider neigt die moderne Theologie hier allgemein zu Abschwächungen; man denke nur an die Abschaffung des Hochfestes (!) vom Kostbaren Blut unseres Herrn Jesus Christus am 1. Juli im Novus Ordo Missae!

Christlicher Staat aus dem Geist der Nächstenliebe und Solidarität

Andererseits kommt im christlichen Denken dem Prinzip der Solidarität, das aus der Gottes – und Nächstenliebe erwächst, eben eine ganz große Bedeutung zu. Peter Schallenberg, Priester und Professor für Moraltheologie und Christliche Gesellschaftslehre an der Theologischen Fakultät Fulda, hat in zwei schönen Abschnitten seines Buches „Jenseits des Paradieses – Biblische Anstöße für den Alltag" den Zusammenhang der Solidarität mit dem Liebesgebot Christi und ihre Bedeutung für ein Sozialwesen aufgewiesen. Dabei warnt er zu Recht vor jedem schrankenlosen Individualismus nicht minder als vor einem falschen, mittlerweile weltweit um sich greifenden Kollektivismus. Jene beiden Extrempositionen sind auch immer wieder von den Päpsten verurteilt worden, so z. B. von Pius XI. in seiner Enzyklika „Quadragesimo anno".[179] Alles müsse sich letztlich, so Schallenberg in gut-katholischer Tradition, an der himmlischen Ordnung orientieren!

Es lohnt sich, die Ausführungen des gelehrten Priesters aus Fulda wörtlich vorzustellen: „Ein schrankenloser Individualismus, wie er etwa

[178] Joachim Drumm, Art. Solidariät, II. Sytematisch-theologisch, LThK (3. Aufl.) 9/2000, 708. Um die Lektüre des Zitates für den Leser zu vereinfachen, habe ich eine Reihe von Abkürzungen, wie sie bei Lexikonartikeln üblich sind, aufgelöst.

[179] Siehe DH 3726.

einem liberalistischen Staatsmodell zugrunde liegt, ist damit in die Schranken gewiesen. Der Christ steht an vorderster Front, um die Option für die Armen[180], die Arbeitslosen, die Schwachen, die Behinderten, die Kinder und die Menschen ohne Lobby und Sprachrohr einzulösen, damit der Staat gerecht und sozial sein kann. Franziskus zeigt wirkmächtig auch Wege zur Gemeinschaft gegen einen überzogenen Individualismus, gegen den schrankenlosen Egoismus Einzelner oder von Gruppen auf Kosten anderer. Er lebte die Nächstenliebe als Solidarität, er konnte nicht ruhig schlafen, wenn andere Not litten. So bleibt er der Stachel im Fleisch der gesättigten Wohlstandsgesellschaft, er mahnt: Eigentum verpflichtet! Reichtum ist keine Sünde, aber er fordert Verantwortung für das anvertraute Eigentum und aktive Nächstenliebe für diejenigen, denen es - mit oder ohne eigene Schuld! - an solchem Eigentum mangelt. So erneuert Franziskus und seine franziskanische Sozialbewegung bis heute Staat und Kirche, indem nicht einfach Brosamen von den Tischen der Reichen geworfen werden, sondern das Antlitz Christi im Angesicht eines jeden Menschen entdeckt wird. Die moderne Caritas und das soziale Netz beginnt mit diesem Christen, und Namen wie die hl. Elisabeth und der hl. Vinzenz von Paul sowie die gesamte Sozialbewegung des 19. Jahrhunderts zeigen die ungeheure Folgegeschichte dieser geistigen Zeitenwende. Nächstenliebe hat einen konkreten Namen: Jesus Christus! ...

---

[180] Besagter Einsatz für die Armen kann bei extrem ungerechten ökonomischen Verhältnissen, wie in Teilen Lateinamerikas, durchaus auch zu einer Forderung nach Änderung der wirtschaftlichen Rahmenbedingungen führen. Hier hat die sog. „Theologie der Befreiung“ etwas Richtiges gesehen. Wie hoffnungslos die Zustände in vielen Ländern Mittel- und Südamerikas sind, mag man beispielsweise folgendem Aufsatz entnehmen: Franz J. Hinkelammert, Die Ausschlusslogik des kapitalistischen Weltmarktes und das Projekt der Befreiung, in: Hans Waldenfels (Hg.), 500 Jahre Lateinamerika: Kolonisierung – Wirtschaft – Politik – Religion, Bonn 1993, 65-78. Selbst wenn der sozialistischen Gedanken nahestehende Autor manches übertrieben haben sollte, was ich letztlich nicht zu beurteilen vermag, ist der wahre Rest noch schlimm genug. Allerdings sollte der Weg zu gesellschaftlichen Verbesserungen grundsätzlich nicht mit dem „Kommunistischen Manifest“ in der einen und der Kalaschnikow in der anderen Hand beschritten werden, sondern mit Bibel und (überliefertem!) Missale Romanum, was dann zu einer konsequenten Beachtung der spezifisch katholischen Soziallehre führen würde! Rudolf Kaschewsky hat noch jüngst auf dem Katholikentag in Osnabrück zu Recht den Vorzug der traditionellen lateinischen Liturgie mit den Worten gelobt, sie stelle „eine machtvolle Demonstration der Königsherrschaft Jesu Christi“ dar (O Gott, Komm mir zu Hilfe: Der Katholikentag diskutiert über die alte Messe – Martin Mosebach und Hans Maier streiten über den überlieferten römischen Ritus, DT vom 27. Mai 2008, S. 5).

So steht hier das Individuum gegen den Kollektivismus politischer oder wirtschaftlicher Art. Keine Globalisierung darf den Menschen verzwecklichen und keine Weltregierung das Gewissen beugen. Der Mensch im innersten Heiligtum seines Gewissens ist der letzte Hüter der Wahrheit im Auftrag Gottes und erinnert den Staat an seine Vorläufigkeit, an die Aufgabe des Staates, Menschen zur Gerechtigkeit zu helfen, nicht zur Vergötzung goldener Staats- und Parteikälber.

Benedikt, Franziskus und Thomas Morus sind Vorbilder für den Christen im Staat. Es sind zugleich auch Geschenke von Christ und Kirche an den Staat. Hieraus erwächst die dreifache Mahnung des Christen an den modernen Staat: Wachse in den Himmel hinein, als Abbild der ewigen Stadt Gottes. Wer den Himmel auf Erden errichten will, schafft die Hölle - daher: ‚Unser Staatswesen ist im Himmel!' Und unser Staat soll ein Spiegel dieses himmlischen Staates sein! So werden Kirche und Politik zu einem fruchtbaren Miteinander kommen. Der Christ trägt Verantwortung für einen solchen menschen- und gottesgerechten Staat."[181]

Die christliche „Option für die Armen"

Was die von Schallenberg geforderte „Option für die Armen" betrifft, so hat dieses urchristliche Prinzip (das natürlich keine Vernachlässigung der „Reichen" in der Seelsorge impliziert!) immer gegolten.[182] Ja die Armenfürsorge war von Anfang an gerade für den außenstehenden Beobachter eines der spezifischsten Merkmale der christlichen Religion, das sie vom

[181] Peter Schallenberg, Jenseits des Paradieses – Biblische Anstöße für den Alltag, Münster 2007, 84 f.; 86.

[182] Das gilt natürlich auch und gerade, jedenfalls prinzipiell, für das Mittelalter. Siehe das Kapitel „Katholische Nächstenliebe verändert die Welt" innerhalb des Buches von Thomas E. Woods jr. „Sternstunden statt dunkles Mittelalter – Die katholische Kirche und der Aufbau der abendländischen Zivilisation" (dt. Ausgabe Aachen 2006, 221-242). Das Buch ist insgesamt sehr wertvoll, aber kleinere Schwächen sind nicht zu übersehen. So dürfte bei Texten, die allgemein zugänglich sind, nicht so oft sekundär zitiert werden (siehe z.B. S. 32 f. und 36). Außerdem scheint mir, um nur einen Punkt inhaltlicher Kritik zu nennen, das Kapitel „Die Kirche und die Wirtschaft" (201-219) neoliberal angehaucht zu sein. Zumindest wäre die katholische Soziallehre umfassender und differenzierter darzustellen, als sie uns hier von einem anscheinend, zumindest partiell, zum Neokonservativismus neigenden katholischen US-Amerikaner präsentiert wird. Zum sozialen Engagement der Christen im Mittelalter siehe jetzt auch Arnold Angenendt, Art. „Christentum" in: Enzyklopädie des Mittelalters, hg. von Gert Melville und Martial Staub, Darmstadt 2008, Bd. 1, 328.

Heidentum so positiv unterschied. Einen wertvollen Aufsatz zu diesem Phänomen hat der emeritierte Bonner Patrologe Ernst Dassmann verfaßt (Nächstenliebe unter den Bedingungen der Knappheit – Zum Problem der Prioritäten und Grenzen der Karitas in frühchristlicher Zeit, in: Jahres- und Tagungsbericht der Görres-Gesellschaft 1996, 77-101, mit ausführlichen Angaben zu weiterführender Literatur in den Fußnoten). Der Kunsthistoriker Hugo Brandenburg konnte aufzeigen, daß sogar die Anlage von unterirdischen Friedhöfen, den Katakomben, im wesentlichen darauf zurückzuführen war, daß die Christen, vom Geist der Nächstenliebe geprägt, auch den ärmeren Gliedern ihrer Gemeinde eine würdige Begräbnisstätte zuteil werden lassen wollten (Überlegungen zu Ursprung und Entstehung der Katakomben Roms, in: Vivarium – Festschrift Theodor Klauser zum 90. Geburtstag, JbAC Erg.Bd. 11/1984, 11-49, v. a. 46 ff.).

Bischof Gerhard Ludwig Müller hat vor kurzem jenes Spezifikum der christlichen Religion, die sie so positiv von paganer Praxis absetzte, schön mit folgenden Worten formuliert: „Es gibt genügend Beispiele aus der Zeit der Kirchenväter, dass gerade die Heiden die Fürsorgetätigkeit der Christen und der Kirche für die Armen und die Notleidenden als das besondere Merkmal der Christen betrachteten. Kaiser Julian der Apostat hatte als sechsjähriger Junge die Ermordung seines Vaters und seiner Verwandten durch den sich so christlich gebenden Kaiser Konstans erleben müssen und war dadurch zu einem glühenden Hasser des Christentums geworden. Als er sein Neuheidentum wieder aufrichten wollte, setzte er heidnische Wohlfahrtsorganisationen der Kirche gegenüber, weil das Christentum durch die praktische Nächstenliebe so populär geworden war. Die organisierte Caritas ist darum nicht einfach nur eine humanistische Wohlfahrtstätigkeit, die man auch dem Staat oder anderen Organisationen überlassen könnte, sondern sie gehört zum Wesen der Kirche und ist unverzichtbarer Wesensausdruck ihrer selbst (Art. 25 [die Angabe bezieht sich auf „Deus Caritas est", H-L B]). Die Kirche ist Gottes Familie in der Welt, in der es keine Notleidenden geben darf."[183]

[183] Deus Caritas est: Auf dem Weg zu einer neuen Welt, in: Gerhard Ludwig Müller [Hg.], Der Glaube ist einfach – Aspekte der Theologie Papst Benedikts XVI., Regensburg 2007, 14 f. Leider wurde der Kirche durch die Französische Revolution und deren historische Folgen ein Teil ihres Einflusses im sozialen Bereich genommen: „Die Säkularisation war im eigentlichen Sinne eine Revolution – eine Umwälzung nahezu aller Lebensbereiche, vor allem auch der Sozialgefüge. Sozialfürsorge, Armen – und Krankenwesen, in sich gesicherte Lebensbereiche, brachen zusammen, für die es zunächst keinen Ersatz gab." So schrieb Norbert Kühn in seinem Aufsatz „Säkularisation – Ein Essay" innerhalb des vom „Rheinischen Verein für Denkmalpflege und Land-

Die Pflicht zur Armenfürsorge müssen sich übrigens gerade auch Gemeinden, die die Tradition der Kirche in Liturgie und Dogma bewahren wollen, unbedingt angelegen sein lassen, selbst wenn ihre materiellen Verhältnisse begrenzt sein sollten! Man lese nur einmal die Kurzviten der einzelnen Heiligen in den Matutin-Lectiones des Römischen Breviers (z. B. Papst Pius' X.), die auf ältere Quellen zurückgehen: Kaum ein Tag vergeht, wo bei einem Heiligen nicht sein oft heroischer Einsatz für den Nächsten, besonders eben für die Armen, Kranken und Schwachen, betont wird![184] Folglich ist es ein Irrtum, zu behaupten, erst das II. Vatikanum habe die „Liebeskirche" entdeckt. Nur muß den Menschen innerhalb und außerhalb der Kirche durch das Verhalten traditionstreuer Katholiken in Theorie und Praxis deutlich gemacht werden, daß die Verteidigung der Lehre und das sakramentale Leben seit eh und je auf ein einziges, heiliges Ziel hingeordnet sind, nämlich das der Gottes- und, damit engstens zusammenhängend, der Nächstenliebe[185]!

Eigentum verpflichtet!

Noch ein Wort zu dem Grundsatz „Eigentum verpflichtet", den Schallenberg genannt hatte. Der katholische Exeget Marius Reiser führte anhand der Schrift „Welcher Reiche wird gerettet werden?" des frühchristlichen Autors Klemens von Alexandrien zur Gemeinbindung des Eigentums folgendes aus: „(Klemens)… macht deutlich, daß Besitz christlich nur dann zu verantworten ist, wenn man ihn in den Dienst des Nächsten stellt. Aus dem Wort vom ‚ungerechten Mammon' (Luk 16,9) leitet er sogar ab, daß ‚jeder Besitz, den jemand allein für sich als Eigentum besitzt und nicht den Bedürftigen zum allgemeinen Gebrauch zur Verfügung stellt, seinem We-

---

schaftsschutz" herausgegebenen Buches „Klosterführer Rheinland" (Köln 2003, 14). Der gelehrte und mutige Beitrag meines Studienfreundes, der als promovierter Historiker Direktor beim Landschaftsverband Rheinland ist, enthält auch sonst einige wichtige Bemerkungen, die die angeblich so glorreiche Säkularisation in einem differenzierteren Licht erscheinen lassen.

[184] Dabei brauchen wir uns nicht darum zu kümmern, ob jedes erwähnte Faktum historisch wirklich ganz zuverlässig abgesichert ist. Uns interessiert hier nur der Geist der Kirche, der sich in solchen Texten klar ausdrückt.

[185] Siehe Mt 22, 37-40. Wie stark Gottes – und Nächstenliebe eine Einheit bilden, kann man vor allem der Mahnung des heiligen Apostels Johannes, des Lieblingsjüngers des Herrn, entnehmen: „Wer nämlich seinen Bruder nicht liebt, den er sieht, kann Gott nicht lieben, den er nicht sieht." (1 Joh 4, 20 b, im Griechischen steht hier zweimal das resultative Perfekt „heoraken"). Vgl. z. B. auch Laktanz, De ira Dei 14.

sen nach ungerecht ist'.[186] Einen solchen Grundsatz hätte kein antiker Autor aufstellen können und auch in der jüdischen Tradition sucht man ihn vergebens. Er entspricht jedoch bis heute katholischer Soziallehre."[187] In der zugehörigen Anmerkung beruft sich Reiser u. a. auf den *Katechismus der Katholischen Kirche* (Nr. 2403-2405), wo wiederum *Gaudium et spes* (Art. 69) zitiert wird.

Der Gemeinbindung des Eigentums entspricht auch ein Auftrag des Grundgesetzes der BR Deutschland. In Art. 14 Abs. 2 heißt es ausdrücklich, nachdem in Abs. 1 das Recht auf Privateigentum und das Erbrecht gesichert worden sind: „Eigentum verpflichtet. Sein Gebrauch soll zugleich dem Wohle der Allgemeinheit dienen." Art. 15 sieht dann sogar prinzipiell für besondere Fälle die Möglichkeit einer (zu entschädigenden) Überführung von „Grund und Boden, Naturschätzen und Produktionsmitteln" in „Gemeineigentum oder andere Formen der Gemeinwirtschaft" vor. Eine solche Bestimmung entspricht übrigens auch ihrerseits wiederum durchaus der katholischen Soziallehre.[188] Ich erinnere mich noch gut daran, daß während einer Talkshow im Fernsehen Anfang 2008 die Diskussionspartner verschiedener Parteien von einer Vertreterin der neuen Gruppie-

---

[186] Reiser verweist in der Fußnote auf die Stelle bei Klemens: q. d. s. 31,6.

[187] Marius Reiser, „Selig die Reichen!" – „Selig die Armen!" – Die Option Jesu für die Armut, in: Erbe und Auftrag 74/1998, 465. Reiser endete seine schönen Ausführungen mit einem beeindruckenden, freilich sehr anspruchsvollen Rat: „Vielleicht darf ich deshalb zum Schluß noch auf einen für jeden durchführbaren Vorschlag hinweisen, den Albert Schweitzer gemacht hat. Danach soll, wer sich etwas über das Lebensnotwendige hinaus gönnen möchte – eine Anschaffung, ein Essen im Restaurant, einen Urlaub usw. – den genauen Gegenwert Bedürftigen zukommen lassen, um so wirklich mit ihnen zu teilen." (a. O. 466)

[188] Darauf verweist Werner Osypka mit Berufung auf die Enzyklika „Quadragesimo anno" Nr. 114 (Arbeit und Eigentum. Der Christ in der Welt – Eine Enzyklopädie X. Reihe: Christentum und Gesellschaft, Bd. 3, Pattloch-Verlag, Aschaffenburg 1965, 55). Wörtlich hatte der Papst u. a. gesagt: „Auf diesem Wege könnte es einmal so weit kommen, daß unvermerkt die Forderungen des gemäßigten Sozialismus mit den Bestrebungen und Postulaten jener Sozialreformer, die sich auf die christlichen Grundsätze stützen, ohne daß man sich dessen bewußt ist, nicht mehr im Widerspruch stehen. Mit Recht wird nämlich darauf hingearbeitet, bestimmte Kategorien von Gütern dem Staate vorzubehalten, weil sie eine so große Macht verleihen, wie sie Privaten ohne Gefährdung des Staatswesens nicht zugestanden werden kann" (Zitat nach „Mensch und Gemeinschaft in christlicher Schau" Nr. 697, S. 492). Eine solche Regelung setzt natürlich, jedenfalls im Idealfall, staatliche Stellen voraus, die weitgehend im Sinne des Gemeinwohls agieren und nur wenig korrumpierbar sind, um eine realistische Minimalforderung zu stellen. Es darf bezweifelt werden, ob ein solcher Zustand heute existiert.

rung „Die Linken“[189] daran erinnert werden mußten, daß diese Prinzipien der Art. 14 und 15 GG nicht aus dem Parteiprogramm der SED zu Zeiten der DDR stammen, sondern eben aus dem Grundgesetz der BR Deutschland. So weit sind heute christlich-soziale Fundamente unseres Staates schon in Vergessenheit geraten! Es wird eine wichtige Aufgabe des neugegründeten Civitas - Institutes sein, dessen Aktivitäten dieses Bändchen erst ermöglicht haben, mitzuhelfen, daß diesen Grundlagen wieder Ansehen und Geltung verschafft werden.[190]

Die Einigung der Völker kann nur in Jesus Christus gelingen

Nur der Christ ist eben mit Gottes Hilfe und der Botschaft des Evangeliums in der Lage, auf Dauer wahrhaft Ordnung und Frieden im Staat und in der Welt zu sichern[191], wobei er selbst sehr genau weiß, daß die Folgen der Erbsünde im irdischen Leben nie ganz auszulöschen sein werden und unter diesen Bedingungen kein endgültiges und wahres Paradies möglich ist. In Übereinstimmung mit ihrer ständigen und unveränderlichen Lehre betete

---

189 Verf. braucht wohl nicht ausdrücklich zu betonen, daß er zwar, oberflächlich betrachtet, in der heutigen politischen Lage einige wenige Übereinstimmungen von „Altkonservativen“ mit dieser politischen Gruppierung sieht, daß aber jene Nachfolgepartei der SED insgesamt völlig inakzeptabel ist, und zwar gerade für christliche Wähler. So ruht sie auf falschem, atheistischem Fundament auf. Es fehlt in ihr außerdem weitgehend noch immer das nötige Maß an Unrechtsbewußtsein der eigenen Kader gegenüber den Verfehlungen in der DDR. Hubertus Knabe, Direktor der Stasi-Gedenkstätte Berlin-Hohenschönhausen, kämpft seit langem gegen die oft erschütternde Selbstsicherheit ehemaliger Täter. Mittlerweile beobachtet man sogar allenthalben, statt der unabdingbaren Reue, eine die damaligen Opfer bedrückende und kränkende „Ostalgie“; nur die Hälfte der Berliner Schüler hält beispielsweise die DDR noch für eine Diktatur! (Die Tagespost vom 7. Juni 2008, S. 39)

190 Für das praktische Vorgehen kann man manche wertvollen Anregungen Jean Ousset und seinem Ouevre entnehmen. Wir haben oben schon sein wertvolles Werk „Pour qu'Il règne“ zitiert. Zu erwähnen wäre auch ein auf Deutsch übertragenes nützliches Buch: Aktion. Praxis der christlichen Gesellschaftslehre, übertragen von Inge Köck, herausgegeben von Christoph Thienen, Universitätsverlag Anton Pustet, Salzburg-München 1976 (271 Seiten).

191 Es ist eines der Hauptanliegen des hl. Augustinus gewesen, aufzuweisen, daß zum einen die beiden Begriffe „Ordnung und Friede“ eng zusammengehören und daß sich wahrer Friede nur durch das Christentum und in ihm verwirklichen läßt. Siehe Stanislaw Budzik, Doctor pacis – Theologie des Friedens bei Augustinus, Innsbruck – Wien 1988. Budzik betont zu Recht, daß die Friedenslehre des Doctor gratiae ihrerseits ganz durch die Hl. Schrift und die kirchliche Überlieferung bestimmt und gedeckt ist (24-28).

die Kirche seit Pius XI. am Christ König - Fest, dem letzten Sonntag im Oktober, in der Tagesoration[192]: "Allmächtiger, ewiger Gott, Du hast in Deinem geliebten Sohne, Der des Weltalls König ist, alles erneuern wollen; gewähre nun gnädig, daß alle die Völkerfamilien, welche die Sündenwunde voneinander scheidet, sich Seiner so milden Herrschaft unterwerfen"[193] ("Omnipotens sempiterne Deus, qui in dilecto Filio tuo, universorum Rege, omnia instaurare voluisti: concede propitius, ut cunctae familiae gentium, peccati vulnere disgregatae, eius suavissimo subdantur imperio"). Heute betet man (wörtliche Übersetzung nach der lateinischen Editio typica von 1975): "(*der erste Teil blieb unverändert*): gewähre nun gnädig, daß die ganze Schöpfung, von der Knechtschaft befreit, Deiner Majestät diene und Dich ohne Ende lobe" ("Concede propitius, ut tota creatura, a servitute liberata, tuae maiestati deserviat ac te sine fine collaudet").

Folgende Änderungen fallen ins Auge: Es wird nicht mehr die Herrschaft Christi, sondern die des Vaters angesprochen. Hierauf hatte schon zu Recht der große Indologe und tapfere Verteidiger der katholischen Lehre, Paul Hacker, früher hingewiesen[194], dessen von Kardinal Ratzinger empfohlenes, lange Zeit nicht greifbares Werk „Das Ich bei Martin Luther" mittlerweile wiederaufgelegt worden ist (Edition *Kirchliche Umschau,* Bonn 2002). Statt "alle Völkerfamilien" heißt es nun "die ganze Schöpfung". Von der Sünde ist direkt keine Rede mehr; allerdings kann man sie aus der „Knechtschaft", von der die ganze Schöpfung befreit werden soll, heraushören, wenn man den biblischen Hintergrund beachtet. Denn die „Befreiung der ganzen Schöpfung von der Knechtschaft" spielt offenkundig auf Röm 8, 19-22 an (v. a. 8, 21: quia et ipsa *creatura liberabitur a servitute* corruptionis in libertatem gloriae filiorum Dei), wo Paulus auf das Ende aller Zeiten blickt und die Befreiung auch der nicht-geistigen Schöpfung von der durch den Sündenfall

---

[192] Auch sonst kommt der einheits – und friedenstiftende Charakter der Botschaft Christi (innerkirchlich, aber auch unter den Völkern!) immer wieder in den traditionellen Meßtexten zum Tragen, so in der Postcommunio der Osternacht, die am Ostersonntag und Ostermontag wiederholt wird, und in der Tagesoration vom Osterdonnerstag, um nur zwei Beispiele zu nennen. Es würde sich einmal lohnen, systematisch das traditionelle Meßbuch nach solchen Texten zu durchforschen. Man würde sich, wie wir oben schon im Zusammenhang mit dem Brevier erwähnt haben, wundern, wie wenig das verbreitete Vorurteil fundiert ist, erst der Geist des II. Vatikanums habe die „Liebeskirche" entdeckt!

[193] Übersetzung nach dem Lateinisch-Deutschen Volksmeßbuch von P. Urbanus Bomm OSB, 4. Aufl. Einsiedeln/Köln 1940, 1407. Die Übersetzung hält sich hier an nicht unwichtigen Stellen enger an den Urtext als die deutsche Fassung im *Schott.*

[194] Paul Hacker, Zum neuen Meßbuch, UVK 7,2-3/1977, 102-104

des ersten Menschenpaares bewirkten Knechtschaft verkündet. Der Schlußgedanke des Gebetes „ac te sine fine collaudet“ („und Dich ohne Ende lobe“) bestätigt unsere Interpretation. Fazit: Nicht mehr die Völkergemeinschaft mit ihren Staaten wird schon jetzt im irdischen Leben auf Christi Herrschaft verpflichtet („eius suavissimo subdantur imperio“ heißt es im traditionellen Text), sondern es geht nur noch um das transzendente, ewige Gottesreich! Deshalb konnte auch der erste Teil des Gebetes beibehalten werden, weil er von „Christus, dem König des Weltalls“ spricht.

Konsequenterweise wurde das Christ König-Fest auch im Jahreskalender verlegt. Bis dato war es am letzten Sonntag im Oktober, also dem Sonntag vor Allerheiligen, gefeiert worden, wie es Papst Pius XI., besonders durch seine Enzyklika „Quas primas“ als großer Förderer des Christkönig-Gedankens bekannt, bestimmt hatte. Nunmehr verschob man die Feier auf den letzten Sonntag des Kirchenjahres. Man lehnt nämlich die Herrschaft Jesu über die Zeiten und Völker ab und akzeptiert nur noch ein rein eschatologisches Reich Gottes! Diese Interpretation erwähnt Michael Davies in seinem wichtigen Buch „The Second Vatican Council and Religious Liberty“ (Long Prairie/ Minnesota 1992, 250 f.) und beruft sich u. a. auf Erzbischof Marcel Lefebvre und den bedeutenden katholischen Gelehrten J.P.M. van der Ploeg O.P. Innerhalb seines Buches ist besonders lesenswert das ganze Kapitel mit der Überschrift "Lex orandi, lex credendi" (a. O. 243-251), weil es deutlich zeigt, wie die neue Lehre von der Religionsfreiheit – nicht zu verwechseln mit der richtigen Lehre von der religiösen Toleranz, die die Kirche auch früher schon kannte! - sofort konsequent liturgisch umgesetzt wurde. Wer übrigens unsere Interpretation der zeitlichen Verlegung des Festes für überzogen oder zumindest für wissenschaftlich nicht gesichert hält, kann leicht eines besseren belehrt werden. Er braucht nur das von Joachim Kardinal Meisner, dem Vorsitzenden der Liturgiekommission der Deutschen Bischofskonferenz, mit Geleitwort versehene und mit Trierer Imprimatur vom 11. April 1996 veröffentlichte *Textbuch Gemeindemesse* (*Mit Einführungen herausgegeben vom Deutschen Liturgischen Institut in Trier, Augsburg 1997*) auf S. 507 einzuschauen: „Die Liturgiereform nach dem II. Vatikanischen Konzil hat das Christ König - Fest auf den letzten Sonntag im Kirchenjahr gelegt. Durch diesen Termin wie auch durch die ausgewählten Perikopen wird deutlich: Die endgültige Herrschaft Jesu erwarten die Christen für das Ende der Zeiten. So klingt am Sonntag vor dem ersten Advent bereits die Hoffnung auf die Wiederkunft des Menschensohnes in seiner Herrlichkeit an (vgl. Lesejahr A, Mt 25,31-46).“ Noch ehrlicher wäre es gewesen, das Attribut „endgültig“ beim Ausdruck „Herrschaft Jesu“ mit

Blick auf die modernen Christen wegzulassen. Denn diese wünschen die Herrschaft des Gottmenschen in dieser Zeit überhaupt nicht mehr, auch nicht in einer vorläufigen und eingeschränkten Form!

Zum Schluß: Zwei Gebete um Frieden in der Welt

Schließen wollen wir unsere Überlegungen mit zwei Gebeten. Das eine stammt von Papst Pius XII. und ist an die Dritte Göttliche Person im Anliegen einer friedlicheren, vom Heiligen Geist geleiteten Welt gerichtet: „Du bist der Geist und der Lehrer der Wahrheit. Laß in den Herzen und im Geiste der Menschen – nicht aus niedriger Angst vor Opfern, sondern aus innerer Gesinnung – ein aufrichtiges Verlangen nach Frieden lebendig werden: nach einem Frieden der Gerechtigkeit, der Mäßigung und der Weisheit, der in seinem Ziel, in seinem Grund und in seiner Verwirklichung nicht vergißt Dein mahnendes Wort: ‚Es gibt keine Weisheit, es gibt keine Klugheit, es gibt keinen Ratschluß wider den Herrn' (Spr 21,30[195]). Gib zugleich den festen Willen, sich den nötigen Voraussetzungen eines solchen Friedens nicht zu versagen, von seinen Grundlagen nicht abzugehen und seiner Verwirklichung nichts entgegenzusetzen. Gib, daß die Lenker der Völker an die Größe und Würde, an die Wohltaten und an die Verdienstlichkeit eines solchen Friedens denken und daran festhalten. Laß sie die lebenswichtigen Rechte ihrer Völker nicht messen an der Größe ihrer Macht und an der Möglichkeit erhoffter Vorteile, sondern an der heiligen Richtschnur Deines göttlichen Willens und Gesetzes."[196]

Und wenn man sich diesem göttlichen Willen nicht widersetzt, sondern von der einen Seite missionarisch für ihn eintritt und von der anderen jenem Missionsangebot folgt, dann kann der Hl. Geist sogar in jener Form die Menschen und Völker vereinigen, die Notker Balbulus (der Stammler) so schön in seiner im Mittelalter höchst populären Pfingstsequenz „Sancti Spiritus" beschrieben hat[197]: „Tu divisum/per linguas mundum et ri-

---

[195] Pius XII. folgt hier der Vulgata-Fassung.

[196] Papst Pius XII., Gebet um Frieden zum Heiligen Geist, in: Veni Sancte Spiritus – Die schönsten Texte über den Heiligen Geist. Gesammelt von Yolande d'Ormesson Arsène-Henry. Deutsche Ausgabe bearbeitet von Franz Rütsche, Luzern 1959, 156.

[197] Text zweisprachig (mit kleiner Korrektur) nach: Wolfram von den Steinen, Notker der Dichter und seine geistige Welt, Editionsband, 2. Aufl. Bern 1978, 56 f. Eine Interpretation findet man im zugehörigen „Darstellungsband", 181-187. Über die Bedeutung der Sequenz und ihr späteres Ausscheiden aus der Liturgie schreibt von den Steinen: „Sie ist noch heute die schlechthin klassische unter den Sequenzen der Frühzeit" (Darstellungsband 181). – „Nachdem die Sequenz *Sancti Spiritus* über 650 Pfingsttage

tus/adunasti, Domine//Idolatras/ad cultum Dei revocans/magistrorum optime" – „Die durch Sprachen und Bräuche/getrennten Völker - /du hast sie vereinigt, Herr//Götzendiener dem Dienste/Gottes gewinnend[198]/bester al-

---

hin in unzähligen Kirchen erklungen war, wurde sie gemäß dem reformatorischen Purismus des Konzils von Trient als eine Wucherung ungebildeter Jahrhunderte abgeschafft und hat seither ein Schattendasein geführt." (Darstellungsband 187) Gott sei Dank besitzen wir in der klassischen römischen Liturgie ja zu Pfingsten noch die Sequenz der hl. Messe „Veni, Sancte Spiritus" und den Brevierhymnus „Veni, Creator Spiritus", die von den Steinen auf den Seiten 187-193 mit der Sequenz des Notker vergleicht. Es ist aber in der Tat nicht zu bestreiten daß bei allem Wertlosen, das das Tridentinum ausschied, leider auch Kostbares wie eben die Sequenz „Sancti Spiritus" verlorenging. „Etwas vom Genuinsten an der geistig-künstlerischen Produktion des lateinischen Mittelalters ist damit zum Absterben verurteilt worden." (Peter Stotz, Alte Sprache – neues Lied. Formen christlicher Rede im lateinischen Mittelalter, Bayer. Ak. d. Wiss., Phil.-hist. Kl., Sitz.Ber. 7/2004, 21) In der östlichen Christenheit wäre so etwas sicher nicht so schnell passiert. Dafür hat man dort leider auf der anderen Seite wichtige Schritte der Vertiefung liturgischer Praxis nicht mitgemacht, wie z.B. die Einführung des so wunderbaren Eucharistischen Kultes und, damit eng verbunden, des so herrlichen Fronleichnamsfestes. Entsprechend gebildete und aufrichtige „Traditionalisten" sollten jedenfalls nicht bestreiten, daß in Rom auch früher Fehler bei der Überwachung und Ordnung der Liturgie begangen wurden. Nur betrafen diese nie wie nach dem II. Vatikanum den Glauben, der damals stets unversehrt tradiert wurde!

198 Eigentlich müßte es heißen: „wiedergewinnend" bzw. (noch wörtlicher) „zurückrufend (zu)". So schreibt von den Steinen auch im Ergänzungsband (182): „Zugleich ist es der Geist, der die Heiden zum wahren Glauben zurückruft – zurück: denn nach der biblischen Auffassung sind sie von der Uroffenbarung abgefallen. Er stellt also die ursprüngliche, von der Sünde verwirrte Ordnung wieder her." Noch der katholische Philosoph Joseph Pieper führte im übrigen Elemente der Wahrheit auch in den heidnischen Mythen auf die Uroffenbarung zurück (Überlieferung - Begriff und Anspruch, München 1970, 82; 85; 88; 93; vgl. auch ds., Über die platonischen Mythen, München 1965, 80-82). Georg Siegmund hatte zuvor in seinem Buch „Der Glaube des Urmenschen" (Bern-München 1962) Argumente für einen Urmonotheismus der Völker zusammengetragen, der sich durch die Uroffenbarung gut erklären ließe, freilich ihrer nicht unbedingt bedürfte (a. O. 111). Siegmund konnte sich dabei u. a. stützen auf den Steyler Missionar, Ethnologen und Sprachkundler Wilhelm Schmidt SVD aus seinem *Opus magnum* „Der Ursprung der Gottesidee", wo auch reichlich völkerkundliche Beweise für einen ursprünglichen Monotheismus geliefert werden. Einen Abriß der von Schmidt vertretenen Positionen findet man in dem dreibändigen Werk "Religion, Christentum, Kirche - Eine Apologetik für wissenschaftlich Gebildete" (hg. von G. Esser und J. Mausbach, 1. Bd., 5. Aufl., Kempten 1923, Kapitel "Die Uroffenbarung als Anfang der Offenbarungen Gottes", 539-697).

ler Lehrer du." Dann wird sich jenes Reich Christi schon ansatzweise hier auf Erden verwirklichen lassen, von dem es so herrlich in der Präfation zum Christ König-Fest heißt: „ein Reich der Gerechtigkeit, der Liebe und des Friedens" („regnum justitiae, amoris et pacis").

Diese kleine Abhandlung wurde (vom später verfaßten Vorwort und einigen wenigen Ergänzungen abgesehen) in der Pfingstoktav des Jahres 2008 abgeschlossen, die seit der Promulgation des Motu proprio *Summorum Pontificum* Papst Benedikts XVI. vom 07. 07. 2007 wieder weltweit für den traditionellen lateinischen Ritus und seine Freunde gilt.

Der Autor

Dr. phil. Heinz-Lothar Barth, Jahrgang 1953, ist Dozent für Klassische Philologie an der Universität Bonn. Neben fachwissenschaftlichen Publikationen verfaßt er seit 20 Jahren Schriften zur Verteidigung des katholisch-apostolischen Glaubens. Aus dieser Tätigkeit sind u. a. folgende Bücher hervorgegangen: Christus und Mohammed, 2. Aufl. 1998; Keine Einheit ohne Wahrheit! 2. Aufl. 1999; Die Mär vom antiken Kanon des Hippolytos, 1999; Ipsa conteret – Maria die Schlangenzertreterin: Philologische und theologische Überlegungen zum Protoevangelium (Gen 3,15), 2000; „Nichts soll dem Gottesdienst vorgezogen werden" – Aufsätze zur Liturgiereform, 2002; „Die Liebe Christi drängt uns" – Aufsätze zur Kirchenkrise und zu ihrer Überwindung, 2. Aufl. 2005; Ist die traditionelle lateinische Messe antisemitisch? 2. Aufl. 2007.

